# Truques de cozinha que ninguém te conta

### e 40 Receitas!

© 2016 Gisele Souza

*Editor*
Gustavo Guertler

*Coordenação editorial*
Fernanda Fedrizzi

*Revisão*
Mônica Ballejo Canto e Germano Weirich

*Capa*
Marco Alvares

*Projeto gráfico*
Gisele Souza e Celso Orlandin Jr.

*Ilustrações internas*
Karen Basso

*Fotos da autora*
Gabriela Cardoso

*Fotos das receitas*
Gisele Souza

Dados Internacionais de Catalogação na Fonte (CIP)
Biblioteca Pública Municipal Dr. Demetrio Niederauer
Caxias do Sul, RS

| | |
|---|---|
| S729 | Souza, Gisele |
| | Truques de cozinha que ninguém te conta e 40 receitas. Gisele Souza. Caxias do Sul, RS: Belas-Letras, 2016. |
| | 144 p.: 20cm. |
| | ISBN: 978-85-8174-262-5 |
| | 1. Gastronomia. 2. Técnicas culinárias 3. Receitas culinárias I. Título. |
| 15/90 | CDU 641.5 |

Catalogação elaborada por Cássio Felipe Immig, CRB-10/1852

IMPRESSO NO BRASIL

[2016]
Todos os direitos desta edição reservados à
EDITORA BELAS-LETRAS LTDA.
Rua Coronel Camisão, 167
Cep: 95020-420 – Caxias do Sul – RS
Fone: (54) 3025.3888 – www.belasletras.com.br

# Agradecimentos

Quando eu era criança, olhava os livros de receitas da minha mãe e ficava com água na boca só de ver aquelas fotos. Naquela época, acho que nunca havia passado pela minha cabeça que eu poderia escrever um livro na área da gastronomia. Na verdade, nunca imaginei que um dia essa paixão secreta de cozinhar se tornaria algo tão importante em minha vida. Hoje, transmito aquilo que aprendi com muita pesquisa para pessoas de todo o mundo através do meu blog e do canal no YouTube. Agora, tudo está eternizado nestas páginas. Assim, gostaria de agradecer a minha mãe, Solange, que me transmitiu essa paixão pela cozinha, meu pai e meus irmãos, pelo apoio de sempre, a Gabi, que me ajudou com as fotos e sempre apoiou o projeto, ao Marco, que criou a capa linda do livro, à Belas-Letras, que confiou no meu trabalho, ao Lucas, que criou o hotsite do livro, ao Feco, namorado lindo, que me incentivou e que tem paciência em editar todos os vídeos e, é claro, a você!

*Este livro é dedicado a todos viewers e leitores lindos!*

# SUMÁRIO

## 16 BOLOS
AMOR EM CADA FATIA

## 34 TORTAS
PERFEITAS PARA QUANDO VOCÊ
PRECISA SEGURAR UM ABACAXI!
OPS! UMA REFEIÇÃO RÁPIDA.

## 52 DOCES E SOBREMESAS
UMA PITADINHA DE AÇÚCAR
PARA ADOÇAR O CORAÇÃO!

## 64 MASSAS
COMIDA CASEIRA COM MUITO
SABOR EM CADA GARFADA

## 76 SALGADOS E PETISCOS
AMIGOS, RISADAS E MUITO PAPO!

## 88 PÃES E BISCOITOS
UMA MISTURA DE TERAPIA E SABOR

## 106 SANDUÍCHES
UM POUCO MAIS DE QUEIJO POR FAVOR!

## 114 CARNES E AVES
O BÁSIÇO NÃO PRECISA SER BÁSICO SEMPRE!

## 132 ARROZ E RISOTOS
UM POUCO DE CRIATIVIDADE MUDA TUDO!

# Prefácio

Eu cresci em uma casa onde a cozinha era o lugar mais movimentado; afinal, sempre que minha mãe estava lá, algo maravilhoso estava sendo feito. Sempre gostei de observar toda essa magia acontecer e, com o passar do tempo, percebi que nada era feito à toa, que aquela batucada toda nas panelas, as pitadas de sal sem medo, e um pouco mais disso e daquilo eram o que fazia cada preparação ser única como uma poção mágica cheia de sabor e aromas.

Com o tempo, fui percebendo que todo mundo tem um truque escondido na manga quando se trata de cozinhar. Lembro-me de todas as vezes que visitamos minha avó Anna e eu ficava feliz em almoçar lá e comer o seu básico filé de frango, que tinha um tempero fantástico que só ela sabia preparar e que me fazia querer voltar sempre. Lembro-me dos cafés da tarde na casa da minha avó Vilma, que me ensinou como deixar o pão amanhecido crocante novamente.

Talvez eu tenha sido sortuda em crescer em uma família com paixão de cozinhar para quem gosta de comer, mas acho que sou mais sortuda ainda por ter crescido observando essas mestres da cozinha. Hoje, consigo perceber que, embaixo de cada tampa, havia um truque ou um segredo a ser revelado. São esses segredos que aprendi com elas e também com muitas horas de pesquisas que quero dividir com você neste livro. Dicas preciosas acompanhadas de receitas fáceis e sem complicação.

Espero que você goste dessas pequenas descobertas que podem parecer bobas, mas também podem ser de grande ajuda para novatos e experientes na cozinha.

# VAMOS CONVERSAR
## SOBRE MEDIDAS
## CULINÁRIAS?

## Truque 1

### Como nunca errar
### as medidas

Sempre vejo perguntas do tipo: "Como faço chá de água?", "O que é colher de sopa?", "O que é uma pitada?", e por aí vai.

Sinceramente, eu não sei como surgiu esse método de "medição" que usamos na culinária. Tenho um livro de receitas da Dona Benta de 1982 em que já era aplicado o método xícaras de chá e colheres de sopa/chá, mesmo existindo balanças. Acredito que era mais prático usar essas medidas do que pesar cada grama antes de preparar alguma coisa. Mas o importante é que você saiba que esse tipo de unidade de *medida de xícaras* e *colheres* é praticamente um padrão universal; por isso, é importante você utilizar sempre esse padrão já conhecido e não inventar o seu, como vejo em muitas receitas com medidas do tipo: 1 copo (requeijão) de água, 1 copo (geleia) de água, etc., porque esses "copos" podem ter tamanhos diferentes e assim não há um padrão. É claro que as xícaras de chá e colheres de sopa da sua casa provavelmente também têm tamanhos diferentes, então o ideal é sempre ter um **kit de medidores** com tamanho padrão.

Sei que parece um pouco confuso, mas na verdade é bem simples, tenha em mente que uma xícara de chá tem 240ml e 1 colher de sopa tem 15ml. Essas medidas são para água, já que cada tipo de ingrediente tem peso e volume diferentes. Por isso, repito que é importante ter um *kit* de medidores de xícaras, colheres e uma balança, para que suas medidas tenham mais precisão, principalmente quando fizer doces.

Então agora que você já sabe qual é o correto, quando uma receita pede 1 xícara de chá de água, não é *chá de água* e sim a quantidade de água que couber nessa xícara de chá. O mesmo funciona para as colheres, ou seja, se a receita pede 1 colher de sopa de alho, não é *sopa de alho* e sim a quantidade de alho que couber nessa colher de sopa.

**UM TRUQUE PARA SABER O TAMANHO DA COLHER (CHÁ), POR EXEMPLO, É USAR A MOEDA DE R$ 1 COMO MEDIDA; ASSIM, VOCÊ NÃO USA A COLHER DE TAMANHO ERRADO.**

# Truque 2

## Uma colher é UMA COLHER!

Um erro bastante comum é usar as colheres e xícaras medidoras sem saber como. É normal ver pessoas com as famosas "colheres de vó", ou seja, aquela colher tão cheia que chega a fazer um morrinho de farinha ou açúcar. Mas o que nem todos sabem é que fazendo isso você vai colocar não 1 colher (sopa) e sim 2 ou até 3 colheres, e é aí que a receita começa a dar errado! Então preste atenção em como devem ser feitas as "medições" dos ingredientes:

*Secos*

Quando medir ingredientes secos, encha até transbordar e depois tire o excesso passando uma faca na borda do medidor, deixando o ingrediente rente à borda. *(Nunca aperte para caber mais, apenas adicione e retire o excesso).*

# Ervas

Ervas também podem ser medidas, para isso basta colocá-las sem os caules e pressionar para que fiquem niveladas com a borda.

## Líquidos em colheres ou xícaras

Coloque até começar a transbordar, mas lembre-se de fazer isso com um pote embaixo para não desperdiçar ingredientes. E nem pensar em fazer isso direto no recipiente onde estão os outros ingredientes da sua receita!

## Líquidos em jarras

Sempre use jarras transparentes, assim você consegue colocar os líquidos exatamente na marca pontilhada.

## Ingredientes pegajosos

Para medir ingredientes do tipo "pegajosos", como Nutella ou manteiga de amendoim, lembre-se de colocar no medidor e pressione um pouco para ter certeza que não ficou espaço sem ingrediente. Retire o excesso na altura do medidor.

## Manteiga

Quando compramos manteiga para uso culinário, geralmente um tablete pode variar de 100 a 200g. O que faço é sempre dividir o tablete ao meio e depois ao meio novamente e por aí vai, assim, posso fracionar aquela medida. Você também pode esperar a manteiga ficar em temperatura ambiente e bem molinha e usar a medida em xícaras, se for o que a receita pedir.

## Mel

Unte sempre o recipiente com um pouco de óleo para que o mel deslize mais fácil na hora de usar.

# Tabela de Medidas Culinárias

## Medidas Gerais

### OVO

1 ovo médio = 50g
1 clara de ovo = 30g
1 gema de ovo = 20g

### FARINHA DE TRIGO

120g = 1 xícara (chá)
60g = 1/2 xícara (chá)
30g = 1/4 xícara (chá)
7,5g = 1 colher (sopa)
2,5g = 1 colher (chá)

### MANTEIGA (BANHA OU GORDURA VEGETAL)

200g = 1 xícara (chá)
100g = 1/2 xícara (chá)
50g = 1/4 xícara (chá)
12g = 1 colher (sopa)
4g = 1 colher (chá)

### AÇÚCAR REFINADO

180g = 1 xícara (chá)
90g = 1/2 xícara (chá)
45g = 1/4 xícara (chá)
12g = 1 colher (sopa)
4g = 1 colher (chá)

### AÇÚCAR CRISTAL

200g = 1 xícara (chá)
100g = 1/2 xícara (chá)
50g = 1/4 xícara (chá)
13,5g = 1 colher (sopa)
4,5g = 1 colher (chá)

### AÇÚCAR DE CONFEITEIRO

140g = 1 xícara (chá)
70g = 1/2 xícara (chá)
35g = 1/4 xícara (chá)
9,5g = 1 colher (sopa)
3g = 1 colher (chá)

### AÇÚCAR MASCAVO

150g = 1 xícara (chá)
75g = 1/2 xícara (chá)
37,5g = 1/4 xícara (chá)
10g = 1 colher (sopa)
3,5g = 1 colher (chá)

### CHOCOLATE EM PÓ (OU CACAU EM PÓ)

90g = 1 xícara (chá)
45g = 1/2 xícara (chá)
22,5g = 1/4 xícara (chá)
6g = 1 colher (sopa)
2g = 1 colher (chá)

### AMIDO DE MILHO (MAIZENA)

150g = 1 xícara (chá)
75g = 1/2 xícara (chá)
37,5g = 1/4 xícara (chá)
9g = 1 colher (sopa)
3g = 1 colher (chá)

### AVEIA EM FLOCOS

80g = 1 xícara (chá)
40g = 1/2 xícara (chá)
20g = 1/4 xícara (chá)
5g = 1 colher (sopa)
1,5g = 1 colher (chá)

### LÍQUIDOS (ÁGUA, ÓLEOS, CHÁS, INFUSÕES, SUCOS, LEITE, CREME DE LEITE FRESCO OU BEBIDAS ALCOÓLICAS)

240g = 240ml = 1 xícara (chá)
120g = 120ml = 1/2 xícara (chá)
60g = 60ml = 1/4 xícara (chá)
15g = 15ml = 1 colher (sopa)
5g = 5ml = 1 colher (chá)

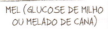

### MEL (GLUCOSE DE MILHO OU MELADO DE CANA)

300g = 1 xícara (chá)
150g = 1/2 xícara (chá)
75g = 1/4 xícara (chá)
18 g = 1 colher (sopa)
6 g = 1 colher (chá)

### FERMENTOS

10g de fermento biológico seco = 1 colher (sopa)
5g de fermento biológico seco = 1/2 colher (sopa)
15g de fermento biológico fresco = 1 tablete
14g de fermento químico (ou bicarbonato de sódio) = 1 colher (sopa)
5g de fermento químico (ou bicarbonato de sódio) = 1 colher (chá)
10g de fermento biológico seco = 30g de fermento biológico fresco

# BOLOS
## AMOR EM CADA FATIA

Bolo é um daqueles desafios que uma hora você vai precisar enfrentar quando começar a se aventurar na cozinha. Tenho que contar que o meu primeiro bolo sozinha foi de micro-ondas e, mesmo que tenha crescido, acabou encruado e duro. Mas antes de tentar esse bolo que deu supererrado, eu já havia errado antes, afinal, qual criança nunca tentou fazer um bolo? Nesse caso, éramos três crianças, e eu não fui tão culpada assim, minha irmã mais velha, a Mary, foi a "mandante do crime". Tentamos fazer um bolo de chocolate e, além de fazer uma grande bagunça, acho que acabamos esquecendo de colocar o fermento, ou a forma era muito grande para a quantidade de massa ou até as duas opções. O resultado foi um bolo solado que você podia balançar e ele nem quebrava. Acabamos "desovando" o bolo no quintal e de tão ruim nem o cachorro quis comer. Acabamos sem bolo naquela tarde, mas pelo menos tivemos história para contar.

E depois de tantos desastres envolvendo bolos, resolvi que perderia o medo e iria encarar o bolo tradicional. Então saí perguntando e pesquisando sobre a arte de fazer bolos e descobri que é preciso alguns truques para que eles deem certo.

# Truque 3

## Bolos são mais simples do que parecem

### Dica de ouro

Deixe seus ingredientes sempre em temperatura ambiente, pois as claras tendem a ficar mais firmes. Além disso, a manteiga/margarina com textura macia facilita que ela seja incorporada aos demais ingredientes e também garante uma textura mais aveludada ao bolo. (Retire os ovos, leite e manteiga da geladeira 30 minutos antes do preparo.)

### Sem batedeira

Sei que você cresceu vendo a batedeira ser usada, mas acredite: você pode fazer um bolo com um simples batedor de arame, afinal, bolos simples não precisam ser superbatidos, apenas misturados.

# Medir é a chave

Sempre meça seus ingredientes com atenção. Tenha sempre em mãos um *kit* básico de medidas culinárias, assim você vai sempre acertar.

# O fermento vem por último

Sei que você acha que o fermento só reage no forno, mas não é bem assim. A agitação da massa gera calor e ativa o fermento, ainda mais se estiver em um ambiente quente, então, sempre deixe ele por último, assim você não corre o risco de perder a massa.

# No tempo certo

Você pode querer abrir o forno para ver se está tudo bem, mas saiba que só é seguro abrir o forno 30 minutos depois que o bolo entrou. Se abrir antes, o ar frio faz com que ele murche, então espere e olhe apenas através do vidro.

# Bolo pronto

Assim que terminar o tempo de cocção, olhe pelo vidro e veja se ele cresceu e parece assado e se sua casa está com aquele aroma delicioso de bolo. Caso a resposta seja sim, abra o forno, espete um palito bem no centro e retire. Se ele sair limpo significa que seu bolo está pronto, se estiver sujo precisa de mais tempo de forno. Nesse caso, deixe por mais alguns minutos e repita o teste do palito.

# BOLO DE CHOCOLATE DE LIQUIDIFICADOR

**Rendimento:** + ou – 10 fatias médias

Se este é seu primeiro contato com bolos, aposte nesta receita, ela é simples, o bolo fica superfofo e pode ser feito no liquidificador, o que facilita muito o processo. Nunca falhou comigo.

## Ingredientes

1 xícara (chá) de leite
3 ovos
4 colheres (sopa) de margarina derretida
2 xícaras (chá) de açúcar
2 colheres (chá) de fermento em pó
1 xícara (chá) de chocolate em pó
2 xícaras (chá) de farinha de trigo

## Modo de preparo

1. No liquidificador, adicione primeiro os ovos, a margarina derretida e o leite e bata bem.
2. Junte aos poucos a farinha de trigo, o chocolate em pó e o açúcar e bata até ficar uma massa homogênea.
3. Adicione por último o fermento em pó e bata apenas para misturar.
4. Leve para assar em forma de no máximo 25cm untada e enfarinhada em forno médio de 180°C por cerca de 30 minutos (pode variar conforme o forno).
5. Deixe esfriar para poder desenformar.

## — Dicas —

• Para evitar que seu bolo fique com as manchas da farinha de trigo, ao enfarinhar a forma troque a farinha de trigo por chocolate em pó ou cacau em pó.
• Troque o açúcar por adoçante para deixar a receita mais *light*.
• Caso não tenha liquidificador bata o bolo com a batedeira ou à mão.

**CONSERVAÇÃO:** Na geladeira, consumir em 7 dias ou congelar por até 3 meses.

# BOLO CHURROS FÁCIL

**Rendimento:** + ou – 6 fatias

## Ingredientes

3 ovos
1 xícara (chá) de farinha de trigo
½ xícara (chá) de leite
1 xícara (chá) de açúcar
1 colher (sopa) de canela em pó
1 colher (sopa) de fermento químico
50g de manteiga sem sal (amolecida)
2 latas de doce de leite (pastoso)

## Modo de preparo

1. Em uma tigela ou na batedeira, bata o leite, os ovos, a manteiga e o açúcar até começar a espumar.
2. Peneire a farinha de trigo e misture aos poucos até ficar bem homogênea, junte a canela e o fermento químico e misture bem.
3. Despeje a massa em uma forma pequena (20cm) untada e enfarinhada e leve para assar em forno preaquecido a 180°C por cerca de 30 minutos ou até fazer o teste do palito e ele sair limpo.
4. Corte o bolo frio ao meio com uma faca grande, coloque uma boa quantidade de doce de leite e espalhe bem. Coloque a "tampa" do bolo e decore como quiser com o restante de doce de leite.

## Dicas

**DOCE DE LEITE:** Se deseja fazer uma decoração com saco de confeiteiro, aconselho usar apenas o doce de leite pastoso.
**CONSERVAÇÃO:** Consuma em no máximo 2 dias, mantenha bem embalado na geladeira por até 1 semana ou congele por 3 meses, mas lembre-se de quando for comer esperar ele voltar à temperatura ambiente para voltar a ficar macio.

# BOLO PÃO DE MEL

**Rendimento:** 1 bolo pequeno

## Ingredientes

1 ½ xícara (chá) de farinha de trigo
1 xícara (chá) de açúcar
½ xícara (chá) de chocolate em pó
½ xícara (chá) de manteiga (derretida)
1 ½ xícara (chá) de leite
1 colher (chá) de canela em pó
3 dentes de cravo
Noz-moscada (a gosto)
¼ xícara (chá) de mel
1 colher (sopa) de fermento em pó
2 ovos
Doce de leite
200g de chocolate meio amargo
200g de creme de leite UHT (com soro)
1 colher (sopa) de manteiga

## Modo de preparo

1. Aqueça o leite com o cravo, desligue o fogo, abafe com uma tampa e deixe esfriar completamente.
2. Adicione o leite (coado), os ovos, a manteiga e o mel e misture com uma colher de pau ou espátula até ficar homogêneo.
3. Junte a farinha de trigo, a canela, o açúcar e a noz-moscada e misture tudo muito bem.
4. Adicione o fermento em pó e misture levemente.
5. Leve para assar em assadeira com no máximo 22cm untada e polvilhada com farinha de trigo ou chocolate em pó e leve para assar em forno preaquecido médio (200ºC) por 30 minutos ou até que seja feito o teste do palito e ele saia limpo.
6. Assim que esfriar, corte ao meio e recheie com doce de leite.
7. Prepare a ganache derretendo 200g de chocolate meio amargo e misturando com 200g de creme de leite e 1 colher (sopa) de manteiga. Com ela ainda molinha, cubra o bolo e depois leve para gelar.

## Dicas

**DOCE DE LEITE:** Use os mais pastosos ou pode acabar escorrendo.
**DECORAÇÃO:** Se você quiser decorar como o da foto, depois de cobrir o bolo com a ganache, reserve uma parte e coloque na geladeira para ficar mais firme. Coloque em um saco de confeiteiro com bico pitanga e decore.
**CHOCOLATE:** Como o bolo e o doce de leite são bem doces, usei o chocolate meio amargo para equilibrar, mas, se você quiser, pode usar ao leite ou branco.

### Dicas

**BANANA:** Use sempre bananas bem maduras para que seu *muffin* fique úmido e com bastante sabor de banana.

**CONSERVAÇÃO:** Guarde em um pote aberto coberto com um pano em temperatura ambiente por 2 dias, na geladeira em um pote fechado por até 4 dias, ou embale muito bem e congele por até 3 meses.

**AÇÚCAR:** Use qualquer tipo que você quiser e gostar, só lembre de que, usando açúcar, vai deixar de ser zero e assim ganhará algumas calorias.

# *MUFFIN* DE BANANA 100% INTEGRAL

**Rendimento:** + ou – 8 unidades

*Muffin* é um bolinho feito para ser servido individualmente e seu preparo não requer muita técnica ou habilidade. Seus ingredientes geralmente são apenas misturados com um batedor de arame ou garfo. Quase sempre, recebe alguma fruta em sua composição para deixá-lo mais saudável, já que o *muffin* costuma ser consumido no café da manhã ou em um lanche rápido no fim da tarde.

## Ingredientes

4 bananas (Prata)
Iogurte grego tradicional (100g)
10 colheres (sopa) de adoçante culinário
1 xícara (chá) de farinha integral (150g)
1 ovo grande
1 colher (sopa) de fermento químico
½ colher (chá) de baunilha
½ colher (chá) de canela
4 colheres (sopa) de leite semidesnatado (60ml)

## Modo de preparo

1. Comece batendo os úmidos (ovo, leite, iogurte e baunilha), junte o adoçante culinário e bata bem até espumar.

2. Amasse as bananas com um garfo até ficar uma papinha. Junte aos "líquidos" e misture bem.

3. Peneire a farinha integral para tirar o excesso de "grãos", junte a canela, o fermento químico e misture apenas para incorporar a farinha. Não bata muito para não desenvolver o glúten.

4. Divida a massa em forminhas para *muffin* ou uma forma pequena bem untada e enfarinhada e leve para assar em forno preaquecido a 180ºC por cerca de 30 minutos ou até ficar douradinho. Outra opção é fazer o teste do palito.

5. Espere esfriar completamente antes de desenformar ou comer.

# CUPCAKE NAPOLITANO

*Cupcakes* são bolinhos individuais que recebem recheio e cobertura decorativa. A massa deve ser tratada como um bolo comum e tem textura bem macia e úmida. Geralmente é servido em festas ou como sobremesa.

## Ingredientes

### BAUNILHA
½ xícara (chá) de manteiga
½ xícara (chá) de açúcar
2 ovos
1 ½ xícara (chá) de farinha de trigo
½ colher (chá) de baunilha
½ colher (sopa) de fermento químico
75ml de leite

### MORANGO
½ xícara (chá) de manteiga
½ xícara (chá) de açúcar
2 ovos
1 ½ xícara (chá) de farinha de trigo
½ xícara (chá) de Quick de Morango
½ colher (sopa) de fermento químico
75ml de leite

### GANACHE
400g de creme de leite (25% de gordura)
500g de chocolate meio amargo
1 colher (sopa) de manteiga

## Modo de preparo

1. **Massa de baunilha:** Em uma batedeira, bata a manteiga com açúcar até que fique fofinha. Adicione os ovos, 1 por vez, misturando em velocidade média, junte o leite e a essência de baunilha. Junte a farinha de trigo aos poucos, batendo sempre para que fique bem homogêneo e finalize com o fermento. Misture e reserve.

2. **Massa de morango:** Em uma batedeira, bata a manteiga com açúcar até que fique fofinho, adicione os ovos, 1 por vez, misturando em velocidade média. Junte o leite e o Quick de morango. Junte a farinha de trigo aos poucos, batendo sempre para que fique bem homogêneo, e finalize com o fermento. Misture e reserve.

3. Divida a massa em forminhas de *cupcake*, colocando com cuidado uma porção da massa de morango e depois mais uma porção de massa de baunilha. Deixe cerca de 0,5cm de espaço livre, para evitar que transborde.

4. Leve ao forno preaquecido a 180°C por cerca de 30 minutos ou até fazer o teste do palito e ele sair limpo.

5. **Ganache:** Derreta o chocolate meio amargo, junte 1 colher (sopa) de manteiga derretida e o creme de leite. Misture até ficar homogêneo, coloque em um saco de confeiteiro e reserve.

# Brownie

Se você nunca comeu um *brownie,* pode achar que ele deu errado por não crescer muito e porque, em princípio, ele vai parecer cru, por ser bem úmido e cremoso. Mas se o seu *brownie* criar uma casquinha crocante na superfície, esta é a indicação de que deu tudo certo.

## Chocolate branco

Quando seu *brownie* é feito com chocolate branco, ele é chamado de *blondie.* Apesar do nome diferente, ele tem todas as características do *brownie* tradicional.

## O segredo

Para se conseguir um bom *brownie,* é preciso ter uma massa densa, pois isso significa um *brownie* mais cremoso e úmido. Outro ponto importante é nunca bater muito a massa, apenas misture e trate-a com muito carinho.

## Forma

Use a forma de tamanho correto. Como o *brownie* não leva fermento, ele não cresce muito e a forma de tamanho errado pode prejudicar a sua receita. Procure usar também formas de metal, alumínio ou inox pois elas distribuem melhor o calor e garantem melhor resultado.

## Ponto correto

Para saber se seu *brownie* assou faça o teste do palito, mas nesse caso ele deve sair levemente úmido e sempre com a casquinha crocante na superfície.

## Corte

Para cortar, espere esfriar completamente, umedeça uma faca, de preferência sem serra, e faça o corte de uma só vez. Limpe a faca a cada corte, assim, vai ter fatias perfeitas.

## Tempo de forno

Cada forno é único, então, fique de olho para não assar muito nem pouco. Depois de preaquecer o forno, coloque o *brownie* e só faça o teste do palito após os primeiros 15 minutos ou quando a casquinha crocante se formar.

## Truque

Use sempre papel manteiga bem untado para forrar a forma, assim, na hora de desenformar, fica muito mais fácil. Na hora de servir, forre o recipiente com papel manteiga para evitar que ele grude.

## Conservação

*Brownies* são ótimos para congelar. Para isso, embrulhe-os inteiros ou em pedaços de papel alumínio ou plástico filme e leve para o congelador por até 3 meses. Você pode ainda deixar em temperatura ambiente por até 3 dias ou na geladeira por 5 dias.

# *BROWNIE* DE CHOCOLATE MEIO AMARGO

Rendimento: + ou – 8 fatias médias

## Ingredientes

- 1 xícara (chá) de açúcar
- ½ xícara (chá) de farinha de trigo (sem fermento)
- 2 colheres (sopa) de manteiga ou margarina
- ½ xícara de chocolate em pó (sem açúcar)
- 100g de chocolate meio amargo
- 2 ovos
- Nozes a gosto

## Modo de preparo

1. Adicione os ovos e a manteiga derretida e misture.
2. Peneire o açúcar, a farinha de trigo e o chocolate em pó. Junte com os ingredientes úmidos e misture.
3. Adicione o chocolate meio amargo derretido e misture bem.
4. Se desejar, coloque nozes picadas no final e misture.
5. Unte e enfarinhe uma forma tamanho pequeno/médio (21x21x3,5) com manteiga, farinha ou chocolate em pó e coloque a massa.
6. Preaqueça o forno e leve para assar a 180ºC por mais ou menos 30 minutos.
7. Espere esfriar para cortar.

## Dicas

**CHOCOLATE DERRETIDO:** O uso do chocolate é extremamente necessário para conseguir a textura do *brownie*, por isso, não deixe esse ingrediente de fora.

**CHOCOLATE EM PÓ:** O chocolate em pó possui muito mais sabor de chocolate e menos açúcar que os achocolatados. Assim, se deseja um bom resultado, compre o chocolate em pó.

**NOZES:** As nozes são opcionais, elas podem ser substituídas ou até mesmo retiradas da receita.

Eu não sei como começou minha paixão por tortas. Acho que deve ter sido pela praticidade; afinal, uma boa torta pode ser um lanchinho rápido no meio da tarde ou ainda o prato principal em uma refeição junto com uma saladinha. Outra coisa bem bacana é que tortas são ótimas para reaproveitar e aproveitar tudo que temos sobrando na geladeira. Em geral, a única regra para se preparar uma boa torta é ter criatividade e não ter medo de errar, mas é claro que sempre tem um truque para deixar tudo ainda mais gostoso.

# Truque 4

## Uma boa massa é o segredo de uma boa torta

### Massa crocante

Para uma boa massa podre bem quebradiça, sempre use ingredientes bem gelados e nunca sove a massa, apenas misture com as pontas dos dedos até atingir o ponto desejado. Após colocar a massa na forma, leve ao freezer ou geladeira antes de assar para ficar bem crocante.

### Massa bem assada

Massas do tipo podre ou amanteigadas precisam ser pré-assadas para não ficarem cruas. Para que a massa não estufe, você pode colocar um "peso", forrando a massa com papel manteiga ou alumínio e colocando feijão ou arroz cru. Outra alternativa é fazer vários furinhos na massa antes de levar ao forno.

# Massas líquidas

Com massas líquidas, como as tortas de liquidificador, é importante sempre temperar a massa para que ela não fique insossa. Massas desse tipo podem ser misturadas à mão, com um batedor de arame, feitas no liquidificador, *mixer* ou batedeira. Não se deve bater em excesso, para não desenvolver o glúten, que pode deixar a massa pesada.

# Recheio

Para que sua massa não fique muito pesada, o ideal é que os recheios não sejam muito úmidos, pois a umidade em excesso pode atrapalhar o crescimento.

# Escolha da gordura

A gordura que será usada pode mudar a textura da massa. Quando usado azeite, você consegue uma massa mais esponjosa, que lembra um pãozinho. Massas com óleo tendem a ficar mais cremosas e úmidas, assim como massas à base de manteiga ou margarina.

# Tortas salgadas

## QUICHE LORRAINE (BACON E QUEIJO)

### Ingredientes

250g de farinha de trigo
125g de manteiga
1 ovo
1 colher (chá) de água
Sal a gosto
1/2 xícara (chá) de leite
1/2 xícara (chá) de creme de leite (c/ soro)
2 ovos
100g de bacon em cubinhos
100g de queijo *gruyère*
Sal e pimenta-do-reino a gosto

### Modo de preparo

1. Em uma tigela, adicione todos os ingredientes da massa: (farinha de trigo, manteiga, ovo, água, sal) e misture bem com as mãos até obter uma massa homogênea. Modele uma bola.
2. Embrulhe a massa em plástico filme e leve à geladeira por 10 minutos.
3. Em uma superfície lisa e enfarinhada, abra a massa com o auxílio de um rolo.
4. Em seguida, unte e enfarinhe uma forma de 20 cm de diâmetro. Forre o fundo e as laterais da forma com a massa e leve para pré-assar em forno preaquecido a 200°C por cerca de 10 minutos.
5. Em uma tigela, junte os ovos, o leite e o creme de leite e bata com um *fouet* (batedor de arame) até ficar homogêneo.
6. Tempere com sal e pimenta a gosto.
7. Em uma panela, de preferência antiaderente, leve o bacon em cubinhos ao fogo médio por 3 minutos, retire do fogo, escorra a gordura e reserve.
8. Rale o queijo *gruyère* em ralo grosso. Reserve.
9. Cubra a massa com o bacon, o queijo *gruyère* ralado, e o creme de ovos, separadamente, seguindo esta ordem.
10. Leve ao forno para assar por 30 minutos ou até que a superfície fique dourada.

### Dicas

- Faça furos por toda a massa antes de pré-assar para que ela não estufe.
- Para eliminar o cheiro forte de ovo, passe por uma peneira para tirar a pele da gema ou bata o creme no liquidificador por 3 minutos.

# EMPADÃO DE FRANGO

**Rendimento:** + ou – 10 fatias

## Ingredientes

500g de farinha de trigo
250g de gordura vegetal
5 colheres (sopa) de água
250g de frango desfiado
1 xícara (chá) de catupiry
½ xícara (chá) de milho
10 azeitonas picadas
1 tomate picado sem pele e sem semente
1 colher (sopa) de cebola
2 dentes de alho
1 ovo
Pimenta, sal, salsinha e colorau a gosto

### Dicas

- Essa massa também serve para empadinhas.
- Para cada 1kg de farinha, use 500g de gordura vegetal.
- Se exagerar na água e ficar mole demais, adicione mais farinha.
- Espere esfriar um pouco para cortar, para que não fique quebradiço.

## Modo de preparo

1. **Recheio:** Refogue a cebola, o alho e o colorau rapidamente. Junte o tomate, misture um pouco e deixe refogando até virar uma pasta.
2. Junte as azeitonas e o milho e misture bem. Adicione o frango desfiado e misture para incorporar e refogar um pouco.
3. Adicione o catupiry e misture bem até ficar cremoso. Experimente para corrigir sal e pimenta. Deixe esfriar.
4. **Massa:** Em um recipiente, junte a farinha e a gordura vegetal em temperatura ambiente e amasse com as mãos até que fique como uma farofa. Adicione água aos poucos e amasse bem até a massa parar de esfarelar e ficar lisa e maleável.
5. Em uma forma ou refratário, forre o fundo e as paredes da forma com uma camada fina de massa e faça furos no fundo com um garfo. Adicione o recheio e arrume para que fique reto. Reserve.
6. Abra o restante da massa entre dois plásticos com um rolo de macarrão ou uma garrafa de forma, que fique do mesmo tamanho da forma que estiver usando. Retire o plástico de cima e transfira para cima da forma. Com a mão, pressione levemente para que fique bem próximo do recheio. Com os dedos, junte as bordas para fechar.
7. Bata um ovo e pincele o empadão. Leve para assar por 30 minutos a 180°C.

# TORTA DE MANDIOQUINHA COM CALABRESA

**Rendimento:** + ou – 12 fatias

## Ingredientes

350g de mandioquinha (cozida e amassada)

300g de linguiça calabresa defumada

6 colheres (sopa) de farinha de trigo

1 xícara (chá) de leite

3 colheres (sopa) azeite

1 colher (sopa) de cebolinha

1 colher (sopa) de fermento em pó (químico)

3 ovos

Sal e pimenta-do-reino a gosto

### Dicas

**CREAM CHEESE**: Esse ingrediente é opcional e você pode substituir por qualquer queijo cremoso. Também é possível usar queijo mussarela, prato, etc.

**RECHEIO**: Eu usei calabresa por ser um recheio que vem praticamente pronto, mas abuse da sua criatividade e faça com o recheio que desejar.

**SAL**: Nesta receita não usei sal, pois a calabresa já é bem salgada, mas caso queira, adicione o quanto julgar necessário.

## Modo de preparo

1. Comece triturando a calabresa no liquidificador ou processador usando a tecla pulsar até que fique com pedaços pequenos. Retire do liquidificador e reserve para usar mais tarde.

2. Com o liquidificador ainda "sujo" de calabresa, coloque os ovos, o azeite, o leite e a cebolinha. Tempere com um pouco de pimenta-do-reino e bata tudo muito bem.

3. Junte a mandioquinha cozida e amassada no liquidificador e bata bem.

4. Junte a farinha de trigo, bata bem e, se necessário, misture com uma colher.

5. Finalize a massa adicionando o fermento químico em pó, misture bem e reserve.

6. Unte e enfarinhe uma forma de + ou – 23cm e despeje metade da massa. Coloque a calabresa triturada e, se desejar, adicione uma camada de *cream cheese*. Cubra com o restante da massa e espalhe bem.

7. Se desejar, coloque queijo parmesão por cima da massa.

8. Leve para assar em forno preaquecido a 200°C por cerca de 30 minutos ou até dourar bem.

# Tortas doces

## TORTA DE MAÇÃ – *APPLE PIE*

**Rendimento:** + ou – 5 fatias

## Ingredientes

3 xícaras (chá) de farinha de trigo

150g de manteiga (sem sal)

2 colheres (sopa) de açúcar

5 colheres (sopa) de água (gelada)

5 maçãs (médias)

½ xícara (chá) de açúcar

1 limão

3 colheres (sopa) de maisena

1 colher (chá) de canela

Noz-moscada a gosto

### — Dicas —

**FORMA:** Nesta receita, usei um refratário de 25cm de largura e 12cm de altura. Você pode fazer em formas de fundo falso, se desejar. Caso não tenha uma forma redonda, use uma quadrada. O importante é não ser tão grande ou vai faltar massa.

**MAÇÃ:** Usei a Red, mas pode usar qual você tiver e desejar. Se quiser, pode usar outras frutas, como pera ou pêssego.

**CONSERVAÇÃO:** Em temperatura ambiente, consuma em até 2 dias. Na geladeira, pode ser conservado por até 5 dias. Se desejar, asse normalmente e embrulhe bem. Congele por 1 mês.

## Modo de preparo

1. Em uma tigela, misture a manteiga (picada e gelada) com a farinha usando as pontas dos dedos. Amasse até que fique com aparência de queijo ralado.

2. Adicione o açúcar e coloque a água aos poucos. Amasse até que consiga formar uma bola com a massa.

3. Embrulhe a massa em plástico filme e leve para gelar por 20 minutos.

4. Abra uma parte da massa com um rolo *(vai ser um pouco difícil, já que a manteiga endureceu, então não desista).* Assim que a massa estiver um pouco maior do que sua forma, transfira e forre todo o fundo e as laterais, deixando uma sobra nas bordas. Leve para gelar.

5. Descasque as maçãs e corte em lâminas finas. Coloque em uma tigela com o suco de limão, ½ xícara (chá) de açúcar, canela, noz-moscada e maisena. Misture tudo.

6. Coloque o recheio na forma e pressione bem para que fique bem compactado. Abra o restante da massa e cubra a torta, junte as bordas pressionando bem e decore se desejar.

7. Faça cerca de 5 cortes no centro da "tampa". Pincele uma gema e polvilhe açúcar.

8. Leve para assar em forno preaquecido a 200°C por cerca de 50 minutos ou até dourar bem.

# TORTA PALHA ITALIANA

**Rendimento:** + ou – 8 fatias

## Ingredientes

1 caixa de creme de leite (200g)
350g de chocolate meio amargo
6 colheres (sopa) de manteiga
40 bolachas de maisena

## Modo de preparo

1. Comece triturando 25 bolachas de maisena no liquidificador até virar uma farofinha fina.
2. Misture as 5 colheres (sopa) de manteiga derretida na farofa de bolacha até ficar com aspecto de areia molhada.
3. Em uma forma de 15cm untada, adicione a farofa no fundo e pressione bem com as costas de uma colher.
4. Leve para assar em forno preaquecido a 180ºC por 10 minutos e deixe esfriar.
5. Derreta o chocolate no micro-ondas ou em banho-maria com 1 colher de sopa de manteiga. Junte o creme de leite e misture até incorporar tudo.
6. Quebre 15 bolachas de maisena em pequenos pedaços e misture no creme de chocolate. Despeje o creme na base da torta, espalhe bem e leve para gelar até ficar firme.
7. Desenforme, polvilhe chocolate em pó e castanha-de-caju triturada e aproveite!

## Dicas

**CHOCOLATE:** Se desejar, use chocolate ao leite ou branco, porém, nesse caso, não adicione a manteiga na hora de derreter o chocolate.
**BOLACHA:** Use a bolacha que tiver em casa. Se quiser fazer a base com bolacha de chocolate, também fica maravilhoso.
**NOZES:** Para dar um ar ainda mais natalino, troque um pouco da bolacha da base e do creme por nozes picadas.

# CHEESECAKE ASSADA FÁCIL

**Rendimento:** + ou – 10 fatias

## Ingredientes

200g de bolacha maisena
100g de manteiga
300g de *cream cheese*
3 ovos (pequenos)
8 colheres (sopa) de açúcar
200g de creme de leite
3 colheres (sopa) de farinha
de trigo
1 colher (sopa) de essência
de baunilha
Geleia de sua preferência

### Dicas

**CREME DE LEITE:** Uso sempre de lata, pois ele possui 25% de gordura. Caso queira, use o fresco que também dá certo.
**GELEIA:** Se sua geleia for muito densa, aqueça um pouco no micro-ondas ou em banho-maria, para que fique mais molinha.
**FORMA:** Caso você não tenha uma forma de fundo removível, não tem problema. Mas não será possível desenformar com tanta facilidade. Você pode usar até uma forma retangular ou quadrada nesse caso, mas lembre-se de nunca usar uma forma de pudim, pois aí sim desenformar será uma tarefa quase impossível.

## Modo de preparo

1. Comece untando bem uma forma redonda de fundo removível com + ou – 20cm. Forre o fundo com papel manteiga também untado para garantir que sua *cheesecake* não grude no fundo da forma.

2. Triture 200g de bolacha até virar uma farinha bem fina. Junte a manteiga gelada cortada em cubos e misture com as pontas dos dedos até conseguir uma farofa com aparência de areia molhada.

3. Forre todo o fundo da forma com essa "farofa" e pressione com as costas de uma colher para que fique uma camada lisa e compacta.

4. Leve para assar por 10 minutos em forno preaquecido a 180°C.

5. Em uma tigela misture o *cream cheese*, a baunilha, o creme de leite, o açúcar e bata até obter um creme liso e homogêneo (experimente e veja se precisa de mais açúcar).

6. Junte os ovos, a farinha de trigo e misture mais um pouco até incorporar tudo muito bem.

7. Despeje o creme na base da bolacha (já assada) e leve para assar por cerca de 40 minutos em forno preaquecido a 180°C.

8. Assim que estiver assado, leve para gelar por pelo menos 2 horas. Retire da forma e cubra com a geleia ou cobertura de sua preferência e sirva.

# CHEESECAKE DE GELADEIRA DE NUTELLA

## Ingredientes

100g de bolacha maisena
50g de manteiga derretida
1 xícara (chá) de Nutella
1 lata de creme de leite
½ xícara (chá) de açúcar
150g de *cream cheese*
1 pacote de gelatina incolor

## Modo de preparo

1. Triture a bolacha até que fique uma farofa fina, junte a manteiga derretida e misture até ficar com aparência de areia molhada.

2. Forre o fundo de uma forma de 15cm com a farofa de bolacha, pressionando bem para que fique bem compactado, e leve para gelar por 30 minutos.

3. No liquidificador, bata a Nutella, o *cream cheese*, o creme de leite e o açúcar até ficar homogêneo.

4. Hidrate a gelatina de acordo com as instruções. Junte ao creme e bata para misturar.

5. Despeje com cuidado o creme na massa e leve para gelar por pelo menos 2 horas.

6. Decore com frutas frescas.

## Dicas

Se desejar, troque as frutas frescas por geleia.
Para sair mais fácil da forma, dê uma leve untada com margarina ou óleo de canola.

Fazer doces não é algo
tão simples como parece.
A confeitaria precisa de
paciência e carinho. Algumas
receitas usam gelatina para
deixar uma consistência firme,
outras pedem claras em neve.
Em algumas, mais simples,
usamos amido. Para cada tipo
de doce, existe um truque novo
a ser aprendido, para deixar
mais gostoso e mais bonito.

# Truque 5

## O segredo do doce é o sal!

### Uma pitada de sal

Uma pitadinha de sal é o grande segredo para acentuar o sabor dos doces.

### Essências

Quando um doce pedir alguma essência, seja de baunilha ou qualquer sabor, tome cuidado com a quantidade, pois, quando usada em exagero, pode acabar estragando o sabor do doce. As essências sempre devem ser adicionadas no início do preparo, para que o sabor se misture bem. Quando aquecidas, o álcool deve evaporar e sobrar apenas o sabor.

# Gelatina

Muitas receitas pedem esse ingrediente e ele deve ser usado sempre de acordo com as instruções do fabricante. Existem duas regras básicas, que são: nunca ferver e nunca colocar em líquidos gelados, ou irão perder o poder de "gelatinificação".

# Claras em neve

Quando sua receita pedir claras em neve, certifique-se de que o recipiente esteja 100% limpo, sem nenhum sinal de impurezas, e adicione uma pitadinha de sal ao bater as claras, para que se mantenham firmes. Ao bater comece sempre com a velocidade baixa e vá aumentando aos poucos. E, quando for adicionar na receita, misture com delicadeza, para que não perca o ar das claras.

# Amidos

Quando uma receita pedir amido para engrossar um creme, o ideal é colocar um plástico filme ao levar para a geladeira. Assim, evita a formação de películas.

# ROCAMBOLE PRESTÍGIO RAPIDINHO

**Rendimento:** + ou – 8 fatias

## Ingredientes

### RECHEIO
100g de coco ralado (sem açúcar)
1 lata de leite condensado
1 colher (sopa) de manteiga

### MASSA
2 xícaras (chá) de chocolate em pó
(não pode ser achocolatado)
2 xícaras (chá) de leite em pó
(s/ açúcar)
1 lata de leite condensado

### Dicas

**DOCE:** Essa sobremesa é doce por natureza, mas se você usar ingredientes como coco, leite em pó e chocolate em pó sem açúcar, o resultado é um doce mais equilibrado.
**CORTE:** Cortar fatias pode ser algo trabalhoso. Para facilitar, você pode aquecer a faca ou colocar a faca em água quente antes de fazer os cortes.
**MASSA MOLE:** Se sua massa ficar mole, adicione mais ingredientes secos, mas para que isso não aconteça manuseie-a o mínimo possível.

## Modo de preparo

1. **Recheio:** Em uma panela, coloque todos os ingredientes e cozinhe em fogo médio por cerca de 3 minutos. Tire do fogo e deixe esfriar.

2. **Massa:** Em um recipiente grande, coloque os ingredientes da massa e misture com a ajuda de uma espátula. Assim que estiver tudo misturado, termine amassando bem a massa com as mãos. A massa deve ficar bem dura, aí já vai estar no ponto para abrir.

3. **Como montar:** Abra na mesa 2 camadas grandes de plástico filme. Coloque a massa, achate-a com as mãos e cubra-a com mais 2 camadas de plástico filme, e abra um retângulo com a ajuda de um rolo de massa.

4. Abra bem a massa para que fique fina e plana *(mas não tão fina)*. Coloque o recheio em ¾ da massa deixando as laterais livres. Com ajuda do plástico filme, enrole bem apertado, como um rocambole.

5. Embrulhe com o plástico filme e leve para a geladeira por mais ou menos 3 horas (pode colocar no congelador para acelerar o processo). Retire da geladeira, corte com uma faca afiada e sirva.

# MOUSSE CHOCO MOCHA

*Rendimento:* + ou – 5 porções

## Ingredientes

200g de chocolate meio amargo
100ml de café forte (sem açúcar)
3 colheres de sopa de açúcar
4 claras

## Modo de preparo

1. Derreta o chocolate junto com o café no micro-ondas ou em banho-maria, até ficar completamente derretido. Reserve.
2. Bata as claras na batedeira para fazê-las em neve, até que fiquem "espumadas". Junte o açúcar.
3. Bata mais um pouco, até as claras ficarem bem firmes.
4. Junte as claras em neve no chocolate (frio) e misture com calma, fazendo movimentos de baixo para cima, até que fique tudo incorporado.
5. Coloque em taças ou potinhos e leve para gelar por pelo menos 60 minutos antes de servir.

## Dicas

**SUBSTITUIÇÕES:** Troque o chocolate meio amargo pelo ao leite, mas lembre-se de tirar o açúcar da receita.

**CAFÉ MAIS ACENTUADO:** Para ter mais sabor de café, dilua 2 colheres de sopa de café solúvel extra forte no lugar do café tradicional.

# SORVETE MOUSSE DE CHOCOLATE

**Rendimento:** + ou – 500ml

## Ingredientes

3 claras de ovos
200g de chocolate meio amargo
200g de creme de leite
3 colheres (sopa) de açúcar

## Modo de preparo

1. Comece separando as claras da gema.
2. Adicione as claras em uma tigela e bata com ajuda de uma batedeira até formar uma espuma clara. Adicione o açúcar ou adoçante culinário e continue batendo, até que consiga ter claras em neve com picos bem firmes.
3. Assim que sua clara em neve estiver bem firme, junte o creme de leite e continue batendo até ficar bem cremoso e uniforme.
4. Derreta o chocolate no micro-ondas ou em banho-maria, até que fique bem líquido. Com ele ainda morno, adicione na mistura de claras e creme de leite com cuidado, misturando sempre de baixo para cima, para conservar o máximo de ar que puder.
5. Transfira para um pote com tampa e leve para o freezer por pelo menos 3 horas.
6. Antes de servir, tire do freezer por 10 minutos, para dar uma leve derretida.

## Dicas

**CLARA EM NEVE:** Ela é essencial para o sucesso da receita, mas se você não quiser usar ovos crus, ainda pode fazer um merengue suíço ou usar chantili.

# PUDIM DE LEITE CONDENSADO FÁCIL

**Rendimento:** + ou – 8 fatias

## Ingredientes

3 ovos
1 lata de leite condensado
300ml de leite (ou a mesma medida da lata de leite condensado)
2 colheres (sopa) de Karo (glucose de milho)

## Modo de preparo

1. Em um liquidificador, adicione o leite, o leite condensado e os ovos e bata. Se desejar um pudim sólido, bata apenas para misturar; para um pudim furadinho, bata bem.
2. Em uma forma para pudim (com um cone no meio), adicione o Karo e espalhe com uma espátula por toda a forma.
3. Adicione o creme batido e cubra a forma com papel alumínio.
4. Leve para assar em forno preaquecido a 180°C por 40 minutos e depois por mais 20 minutos, sem o papel alumínio. Esse tempo pode variar de forno para forno.
5. Leve para gelar (o ideal é que fique bem gelado antes de desenformar).
6. Para desenformar, aqueça a forma no fogo rapidamente, passe uma faquinha em toda volta, coloque um prato por cima da forma e vire.

## Dicas

- Se desejar, faça o caramelo tradicional de açúcar (3 colheres de sopa de açúcar e leve para o fogo até derreter).
- O Karo pode ser encontrado em qualquer supermercado. O que eu uso é da marca Yoki e tem escrito no rótulo "Alimento à base de glicose".

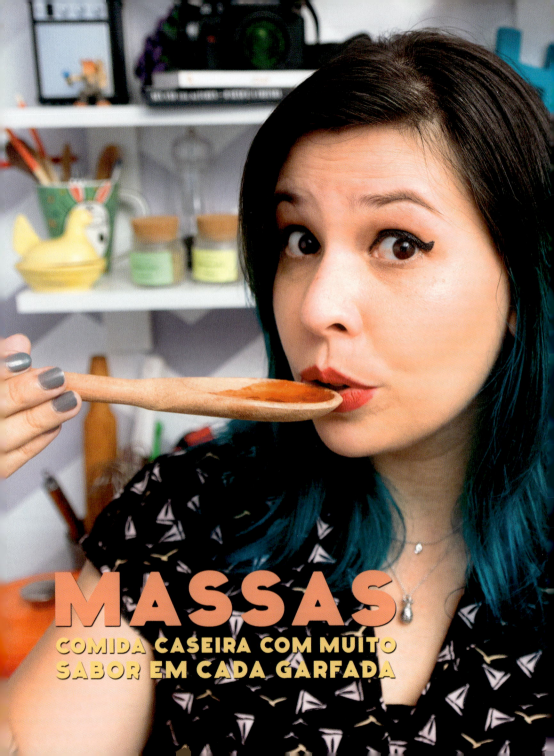

Eu lembro como se fosse hoje o dia em que cozinhei meu primeiro macarrão. Acho que devia ter uns 12 anos e resolvi fazer um macarrão ao alho e óleo. Fui até o armário, subi em uma cadeira e peguei o pacote de macarrão do tipo parafuso, que sempre tínhamos em casa. É claro que não li o que estava na embalagem e segui minha intuição. Peguei um pouco de macarrão, coloquei em uma tigela e comecei a lavar, como se fosse fazer arroz; afinal, quando minha mãe fazia, os dois eram parecidos (hehehe). Fiquei lá um bom tempo tentando tirar todo o amido, até que desisti. Toquei o macarrão na panela com água, até que ficasse macio, mas ele ficou macio demais. Mas a fome era enorme, então coloquei um pouco de óleo na panela, alho triturado (aqueles que já vêm prontos), sal e aí resolvi ousar e quebrei um ovo lá dentro, para fazer um ovo mexido (hehehe). Pode imaginar a meleca que isso ficou, não é?

Bom, o meu primeiro macarrão foi um desastre e, com o tempo, cometi outros erros até acertar definitivamente. Hoje sinto orgulho em dizer que nunca erro a cocção de uma massa e, mesmo sendo algo simples, acho que alguns truques podem te ajudar a não cometer os mesmos erros que a Gi de 12 anos cometeu naquele dia.

# Truque 6

## Se o fabricante disser 10 minutos, cozinhe por 9!

### 1#

Um dos grandes mitos de quando vamos cozinhar massas, sejam frescas ou secas, é que devemos adicionar óleo na água. Não é necessário, pois além de ser um desperdício (essa gordura vai embora junto com a água), o óleo lubrifica a massa e faz com que o molho não consiga aderir ao macarrão.

## 2#

Não deixe cozinhar muito sua massa. Ela precisa ficar *al dente,* que é uma massa macia, mas ainda com certa resistência. Então, se o fabricante informar 10 minutos, cozinhe por 9; assim, ao misturar com o molho, você não corre o risco de perder o ponto e a massa ficar muito mole.

## 3#

Coloque sal na água para cozinhar o macarrão apenas quando já tiver levantado fervura. Quando colocado antes, a água demora mais para chegar ao ponto de ebulição.

## 4#

Ao colocar para cozinhar, misture sempre a massa para que ela libere boa parte do amido e não grude.

## 5#

Com pratos quentes, nunca esfrie o macarrão em água corrente, pois assim você tira o amido que ajuda a grudar o molho. Se você deixá-lo cozido para um jantar mais tarde, pode esfriar com água corrente e adicionar azeite ou óleo, para que não grude. Porém, sempre reserve um pouco da água da cocção, assim é possível devolver um pouco do amido à massa quando misturar no molho.

# ESPAGUETE CREMOSO COM LINGUIÇA

**Rendimento:** Serve + ou – 2 pessoas

## Ingredientes

2 linguiças (toscana)

1½ xícara (chá) de molho de tomate

4 colheres de sopa de *cream cheese*

¼ xícara (chá) de queijo ralado

250 gramas de espaguete

Sal

Pimenta-do-reino

Manjericão desidratado

## Modo de preparo

1. Coloque a água do macarrão para esquentar. Quando estiver quase borbulhando, comece o preparo do molho.

2. Tire a pele da linguiça e pique bem, para ficar como uma carne moída.

3. Assim que a água do macarrão ferver, adicione sal e espere a água levantar fervura novamente. Adicione o macarrão e cozinhe até que fique um pouco macio (nem duro, nem mole). Reserve 1 colher (sopa) da água do macarrão e escorra-o sem passar na água fria, apenas adicione um pouco de azeite e misture.

4. Em uma frigideira, frite a linguiça picada até que fique dourada. Reduza o fogo, adicione o molho de tomate e misture bem.

5. Junte o *cream cheese* e misture bem até que fique homogêneo. Junte o queijo ralado, misture e deixe cozinhar em fogo baixo até que fique cremoso.

6. Pegue o macarrão escorrido e coloque aos poucos na mesma panela do molho. Misture bem. Para finalizar, adicione 1 colher de sopa da água do cozimento do macarrão e misture mais um pouco.

7. Sirva quente.

# YAKISOBA FÁCIL

**Rendimento:** Serve + ou – 2 Pessoas

## Ingredientes

250g de macarrão para Yakisoba
150g de frango
150g de carne
½ xícara (chá) de cenoura (1 unidade)
1 xícara (chá) de pimentão (100g)
1½ xícara (chá) de brócolis (130g)
1 xícara (chá) de repolho ou acelga (70g)
¼ xícara (chá) de shoyu
½ xícara (chá) de água
½ colher (sopa) de açúcar
1 colher (sopa) de maisena
1 colher (sopa) de azeite ou óleo de gergelim
Sal e pimenta a gosto

## Modo de preparo

1. Corte a carne e o frango em tiras de espessura média e reserve.
2. Corte o pimentão em cubinhos. Fatie a cenoura em rodelas finas, corte o repolho em cubos médios e fatie os brócolis (cozidos). Reserve.
3. Coloque água para aquecer e cozinhe o macarrão. Enquanto isso, prepare o molho. Frite rapidamente as carnes no azeite ou óleo de gergelim, junte os pimentões e a cenoura e deixe fritar por 2 minutos.
4. Adicione o molho shoyu, o açúcar e deixe os legumes cozinharem por 3 minutos no molho.
5. Junte a água misturada com o amido de milho. Misture bem e junte os brócolis já cozidos e o repolho.
6. Escorra o macarrão e, com ele ainda quente, junte com o molho, legumes e carnes. Misture bem.

- O óleo de gergelim dá um sabor especial, mas não é o elemento principal da receita. Se não tiver, não se preocupe, use azeite no lugar.
- Se não tiver macarrão Yakisoba, use alguma massa do tipo longa, até talharim pode servir. Mas é claro que, com o macarrão certo, o sabor fica muito melhor.

# LASANHA DE LINGUIÇA TOSCANA

**Rendimento:** 1 lasanha média p/ 2 pessoas

## Ingredientes

6 linguiças toscana
1 lata de tomate pelado
2 colheres (sopa) de extrato de tomate
⅓ xícara (chá) de água
1 ramo de manjericão
1 pitada de erva-doce
½ alho-poró
Queijo mussarela
250g de massa de lasanha
Sal e pimenta-do-reino

## Modo de preparo

1. Tire a pele da linguiça e pique com a faca para que fique bem moída.
2. Aqueça bem uma panela e frite a linguiça até que comece a ficar dourada.
3. Junte o alho-poró, 1 pitada de erva-doce e cozinhe por mais 1 minuto.
4. Junte o tomate pelado, o extrato de tomate, a água, o manjericão, o sal e a pimenta-do-reino. Deixe cozinhar em fogo baixo por 15 minutos com a panela aberta.
5. Em um refratário, faça uma fina camada de molho, adicione uma camada de massa, cubra com molho e queijo mussarela. Repita a sequência até terminar com o molho e queijo e leve para assar em forno preaquecido a 180°C por cerca de 30 minutos ou até que fique dourado.

## Dicas

- Se desejar, use também molho branco ou requeijão cremoso intercalando com as camadas de queijo.
- Caso prefira, use linguiça de frango no lugar da de porco.
- Depois de montada, a lasanha pode ser congelada ainda crua. Embalada muito bem, pode ser armazenada por até 3 meses. Quando for consumir, basta levar do freezer ao forno.

# CREPE DE AVEIA COM RECHEIO DE PALMITO

**Rendimento:** Serve + ou − 2 pessoas

## Ingredientes

### MASSA
1 xícara (chá) de leite desnatado
8 colheres (sopa) de farinha de aveia
3 colheres (sopa) de farinha de trigo
1 ovo
1 colher (sopa) de azeite
1 dente de alho, sal e pimenta-do-reino (a gosto)

### RECHEIO
300g de palmito
1 talo de alho-poró
10 azeitonas (picadas)
1 tomate (picado s/ sementes)
1 colher (sopa) de azeite
¼ xícara (chá) de cebolinha (picada)
½ xícara (chá) de água
½ xícara (chá) de creme de ricota
Páprica doce
Sal
Pimenta-do-reino
Salsinha

## Modo de preparo

1. Comece preparando a massa. Coloque todos os ingredientes no liquidificador e bata até ficar tudo bem misturado.
2. Aqueça a frigideira antiaderente e adicione cerca de 1 concha média de massa, faça movimentos giratórios para a massa espalhar, espere a massa fritar sem ficar cutucando. Quando ela se soltar do fundo ou ficar com as bordas douradas, vire a massa e deixe fritar até dourar.
3. Faça isso com toda a massa e reserve.
4. Para o recheio, comece refogando com um pouco de azeite, o alho-poró, tomate e cebolinha e deixe que cozinhe até o tomate ficar molinho.
5. Adicione o palmito picado, tempere com sal, pimenta, páprica doce, misture e junte a água. Tampe a panela e deixe cozinhar por 5 minutos.
6. Desligue o fogo, adicione o creme de ricota e finalize com salsinha.

## Dicas

**MASSA FINA:** para uma massa fininha como as vendidas em lanchonete adicione pouca massa na panela e gire rapidamente para que espalhe, mas lembre de que quanto mais fina mais delicada ela vai ser na hora de virar.
**ALHO-PORÓ:** eu adoro o sabor e uso no lugar da clássica cebola, mas se quiser pode usar cebola picadinha que não teremos nenhum problema.
**TOMATE:** caso não tenha pode usar polpa ou extrato de tomate para dar sabor e cor ao recheio.
**RICOTA:** usei o creme de ricota para dar cremosidade, mas você pode usar o queijo cremoso que quiser, ou usar creme de leite e 1 colher (sopa) de farinha de aveia ou trigo para engrossar o recheio e dar cremosidade.

Fui criada em uma casa onde coxinha era o café da tarde; afinal, ter uma mãe salgadeira é ter sempre essas delícias em casa. Durante toda minha infância e adolescência, lembro-me de ajudá-la a empanar, fazer empadinhas ou bolinhos. Mesmo que fizesse tudo errado, ela sempre me deixava participar. Com isso, desenvolvi uma paixão secreta por preparar esses petiscos que estão sempre presentes em festas e reuniões de amigos.

Com o tempo, criei coisas novas, inventei meus próprios salgados e dei cara nova aos mais tradicionais. Às vezes, o que era frito virou assado e o que era assado virou frito. Para ter uma crocância independente da técnica, é preciso saber alguns truques, que acabei aprendendo com o passar dos anos, depois de errar um bocado (hehe).

# FRITURA

Quando fizer qualquer fritura, não adicione muitos alimentos na mesma panela. Isso faz com que a temperatura do óleo caia e deixa sua fritura muito encharcada de gordura.

## Truque 7

### Casca de laranja tira o cheiro da fritura

#### 1#

Para evitar o cheiro de fritura, coloque ao lado da panela com óleo uma panela com água e cascas de laranja e deixe fervendo em fogo baixo enquanto você frita os alimentos.

#### 2#

Para reutilizar o óleo que usou para fritar peixes, basta esperar ele esfriar, passar por um filtro e depois adicionar 5 gotas de limão. Leve o óleo para aquecer e o sabor e cheiro de peixe serão removidos.

## 3#

Para saber se o óleo está quente, a velha técnica do palito de fósforo sempre funciona. Basta jogar um palito de fósforo no óleo e, quando ele acender, é sinal que o óleo está pronto para ser usado. Outra técnica é colocar um pedacinho da massa ou a ponta de um palito de churrasco no óleo. Quando ele começar a criar pequenas bolhas em volta do palito ou na massa é sinal que seu óleo está pronto para usar.

## 4#

Para drenar o óleo de uma fritura, você sempre deve deixar a gordura escorrer bem na escumadeira e depois acomodar em papel toalha. Caso não tenha papel toalha, você ainda pode usar folhas de alface ou fatias de pão, que também são ótimos para absorver o excesso de gordura.

# Truque 8

## Assar salgados não é para qualquer um

# ASSAR

Assar salgados empanados é um pouco mais complicado do que parece. Se seu salgado for sem farinha, como um bolinho de mandioca, fazer assado pode ser complicado, pois vai ficar mole e pode até perder a forma. O ideal é assar empanados mais firmes, que levem farinha em sua composição.

# COXINHA COM MASSA DE BATATA

**Rendimento: 30 unidades**

## Ingredientes

750ml de água

2 batatas (grandes)

2 colheres (sopa) de óleo

500g de farinha de trigo

1kg de peito de frango

1 cebola

1 cenoura

2 ramos de alecrim

½ colher (chá) de pimenta calabresa

1 colher (chá) de colorau

Sal

### Dicas

Se desejar, você pode congelar a massa depois de pronta, ou a coxinha já recheada e modelada, e se preferir também pode congelar ela já empanada. Dura 3 meses no freezer quando bem embalada.

## Modo de preparo

1. Corte a cebola ao meio, a cenoura em pequenos pedaços e coloque em uma panela junto com o frango, alecrim, pimenta calabresa e colorau. Complete com água até que o frango fique totalmente coberto e cozinhe por cerca de 30 minutos.

2. Retire o frango e desfie com as mãos ou em um processador.

3. Use o caldo para cozinhar as batatas (s/ casca e picada) até que fique bem macia (ponto de purê).

4. Amasse as batatas e volte para o caldo. Adicione um pouco de sal e junte a farinha de trigo. Cozinhe até que se torne uma massa firme e que desgrude do fundo da panela.

5. Unte uma superfície lisa com óleo, acomode a massa cozida e deixe amornar.

6. Assim que amornar, unte as mãos e sove a massa por cerca de 10 minutos ou até que ela fique lisa e elástica.

7. Modele bolinhas, abra um buraco no centro e adicione o recheio, feche a abertura e modele em formato de coxinha.

8. Para fritar basta empanar passando no ovo e farinha de rosca. Depois, frite em óleo bem quente.

# BOLINHO DE ARROZ COM MORTADELA

**Rendimento:** Serve + ou − 12 unidades

## Ingredientes

1 xícara (chá) de arroz (cozido)
150g de mortadela
2 dentes de alho
Raspas de 1 limão
2 ovos (1 para a massa, 1 para empanar)
1 xícara (chá) de farinha de rosca (farelo de pão ou panko)
Salsinha a gosto
Pimenta-do-reino a gosto

## Modo de preparo

1. Em um liquidificador ou processador, coloque 1 ovo, o arroz cozido, as raspas de limão e o alho e bata usando a tecla pulsar para triturar todo o arroz.
2. Transfira tudo para uma tigela, tempere com pimenta, salsinha e adicione a mortadela. Misture bem.
3. Umedeça as mãos e modele bolinhas (+ ou − 4cm). Assim que fizer todas as bolinhas, empane passando no ovo que sobrou e na farinha de rosca.
4. Frite em óleo bem quente ou asse em forno preaquecido a 250ºC por 30 minutos ou até dourar.

## Dicas

- Se sua massa ficou muito seca, adicione um pouco de água e amasse bem para incorporar e formar uma massa mais maleável.
- Se sua massa ficou muito mole, adicione um pouco de farinha de rosca ou trigo para dar o ponto de enrolar.
- Para conseguir rechear, você vai precisar de uma massa mais úmida, então faça como indicado acima.
- Assim que empanar seus bolinhos, acomode em uma forma untada e leve para o congelador. Assim que estiverem congelados, transfira para saquinhos e mantenha por, no máximo, 3 meses. Para fritar ou assar, não é necessário descongelar.

### Dicas

- Depois de assadas e frias, as esfihas podem ser congeladas bem embaladas por até 6 meses.
- Se desejar, faça com outros recheios, só evite coisas muito líquidas.
- O fermento usado é o biológico fresco, mas ele pode ser substituído pelo biológico seco, para isso basta seguir as instruções do fabricante.

# ESFIHA FECHADA

**Rendimento: + ou - 30 unidades**

## Ingredientes

### MASSA

1 cebola (pequena)
½ xícara (chá) de óleo
½ xícara (chá) de leite
½ xícara (chá) de água
15g de fermento biológico fresco
1 colher (chá) de sal
1 colher (sopa) de açúcar
500g de farinha de trigo

### RECHEIO

500g de carne moída (coxão mole ou patinho)
2 tomates maduros picados
½ cebola picada
½ xícara (chá) de salsa picada
1 colher (sopa) de sal
Suco de 1 limão
1 colher (chá) de pimenta-do-reino

## Modo de preparo

1. **Massa:** Coloque os ingredientes líquidos e a cebola no liquidificador e bata até ficar homogêneo. Junte o fermento, o sal e o açúcar e bata mais um pouco.

2. Junte o conteúdo do liquidificador em uma tigela, adicione a farinha aos poucos e misture até que a massa se solte das mãos.

3. Modele pequenas bolinhas (do mesmo tamanho de bolinhas de pingue-pongue), acomode em uma superfície plana, cubra com um pano úmido e deixe descansar por 15 minutos.

4. **Recheio:** Misture todos os ingredientes em uma tigela e reserve.

5. **Montagem:** Abra uma bolinha de massa na palma das mãos, coloque uma porção do recheio e feche as pontas formando um triângulo. Repita o processo com todas as bolinhas de massa. Acomode as esfihas em uma assadeira untada e enfarinhada com a "abertura" para baixo. Pincele uma gema e leve para assar em forno preaquecido a 180°C por cerca de 30 minutos ou até ficarem douradas.

# EMPANADAS ARGENTINAS

**Rendimento:** 10 unidades

## Ingredientes

250g de carne moída
½ xícara (chá) de pimentões
5 azeitonas (picadas)
3 colheres (sopa) de milho
1 ovo cozido
2 dentes de alho
250g de farinha de trigo
50g de margarina ou manteiga sem sal
⅔ xícara (chá) de água
Sal e pimenta-do-reino
1 gema para pincelar

## Modo de preparo

1. Em uma panela, refogue o alho rapidamente, junte a carne moída, tempere com sal e pimenta-do-reino e frite rapidamente a carne.
2. Junte as azeitonas, o milho, o tomate e os pimentões. Misture bem e deixe a carne fritar e secar toda a "água". Adicione o ovo cozido e reserve para esfriar.
3. Em uma bacia, adicione a farinha de trigo, a margarina e o sal e misture até que a margarina esteja incorporada com a farinha. Junte a água aos poucos e sove até que você consiga uma massa homogênea, que não grude nas mãos.
4. Abra a massa bem fina com ajuda de um rolo e corte círculos. Adicione cerca de uma colher de sopa de recheio e feche como um pastel.
5. Pincele com uma gema e leve as empanadas para assar em forno preaquecido a 180°C por 30 minutos ou até dourar.

## Dicas

Troque o recheio de carne por frango, calabresa, presunto, palmito, proteína de soja ou o que sua criatividade deixar.
Adicione requeijão para ficar ainda mais gostoso.
Se quiser congelar, asse por 15 minutos, espere esfriar e depois embrulhe em plástico filme individualmente. Guarde por até 6 meses congelado. Para aquecer, é só levar para assar novamente.

Uma das minhas memórias mais queridas na cozinha é quando chegava o fim de semana e eu podia ajudar minha mãe a fazer pães. Eu ficava ajoelhada na cadeira e ajudava a sovar as massas. Eram tardes tranquilas e deliciosas, a casa cheirava a pão fresquinho e, assim que ficavam prontos, eles sumiam das formas rapidinho! Afinal, pão caseiro e quentinho... Não tem como resistir, não é? Minha mãe sempre foi apaixonada por fazer pães. Muitas vezes, lembro de ela pegar receitas com as vizinhas (é, meus lindos, naquela época não existia internet) e amigas para testar em casa. Por isso, sempre tínhamos uma nova aventura. E é isso que é fazer pão, uma mistura de aventura com terapia; afinal, você precisa dedicar seu tempo e amor para que tudo funcione. Mas é claro que alguns truques são sempre bem-vindos, não é?

# Truque 9

## Lugar de farinha é no saco de papel!

### Temperatura

Fazer pães em dias quentes é o mais recomendado, pois o calor ajuda a ativação do fermento, por isso, dê preferência a esses dias de calor para ter uma fermentação mais rápida. Mas é claro que em dias frios também é possível. Nesses casos, o recomendado é deixar a massa crescer em um ambiente mais quentinho. Vale ligar a luz do forno ou até preaquecer o forno em temperatura mínima por 5 minutos, depois desligar o forno e colocar a massa dentro junto com um recipiente com água, para evitar o ressecamento.

### Farinha

Infelizmente, as farinhas de trigo que encontramos nos mercados não são as ideais para fazer pão. Por isso, o negócio é investir em uma farinha um pouco mais nobre e, de preferência, em saco de papel (pois isso faz com que a farinha respire e tenha melhor qualidade).

### Melhorador de pão

Conforme expliquei, as farinhas que usamos não foram feitas para fazer pão. Assim, a indústria desenvolveu um produto chamado melhorador de pão, que ajuda a deixar o pão mais fofinho.

### O ponto

Você deve parar de adicionar farinha quando sua massa começar a soltar das mãos. Mas fique atento à receita e lembre-se sempre de lavar e limpar a massa grudada. Ela pode fazer com que você ache que a massa ainda está pegajosa e adicione farinha sem necessidade.

## Sovar

Se sua receita pedir para sovar a massa, nunca pule essa etapa, pois é muito importante para o desenvolvimento do glúten; isso faz seu pão ficar fofinho. O tempo mínimo de sova é 10 minutos.

## Descanso

Algumas receitas pedem que a massa fique em descanso para crescimento apenas 1 vez. Outras receitas podem pedir para que a massa descanse 2 vezes para crescimento. Mas se você tiver tempo sobrando, sempre deixe fazer 2 descansos, para seu pão ficar superfofinho. E para saber se sua massa já cresceu o suficiente, basta encostar o dedo de leve e pressionar a massa, que deve afundar e subir novamente. Se voltar, é sinal que está pronta para ir ao forno.

## Truque de vó

Coloque um pedacinho da massa em um copo com água. Quando ela estiver boiando, significa que a massa está pronta para entrar no forno.

## Temperatura do forno

Olhe a receita e veja o que ela indica, mas saiba que, se seu forno for muito quente, o pão vai criar uma casca por fora e ficar cru por dentro. Se for muito frio, vai retardar o crescimento e ficar com aparência de solado, então, use sempre o forno em temperatura média.

## Casquinha crocante

Pegue no freezer algumas pedras de gelo e jogue na parte inferior do forno. Isto vai gerar vapor, que ajuda a criar a casca crocante.

## Será que está pronto?

Tire o pão da forma e bata no fundo do pão com o nó de um dos dedos. Se ele fizer um barulho oco, significa que seu pão está perfeitamente assado por dentro.

Essas rosquinhas fritas eram nossas companheiras de viagem quando éramos crianças. Minha mãe preparava no dia anterior, colocava em sacos de pão e lá íamos nós na madrugada enfrentar a estrada com muito sono, rosquinhas e copos de café com leite para ninguém reclamar de fome no caminho. Hoje, quando resolvo fazer uma porção dessas rosquinhas aqui em casa, sou transportada imediatamente para o banco de trás da Caravan do meu pai junto com meus irmãos, todos apertadinhos, mas prontos para uma grande aventura.

# ROSQUINHA FRITA

**Rendimento:** + ou – 30 unidades

## Ingredientes

3 xícaras (chá) de farinha de trigo
1 xícara (chá) de maisena
½ colher (chá) de sal
1 colher (sopa) de manteiga
1 xícara (chá) de açúcar
1 colher (sopa) de fermento em pó químico
3 ovos
½ xícara (chá) de leite
Canela e açúcar para decorar

## Modo de preparo

1. Em uma tigela, misture a farinha de trigo, o açúcar, a maisena e o sal.
2. Junte os ovos ligeiramente batidos, a manteiga e misture bem, utilizando as mãos até que o ovo fique bem misturado com a farinha.
3. Adicione aos poucos o leite até conseguir uma massa firme, macia e que solte das mãos.
4. Transfira a massa para uma superfície plana e junte o fermento em pó para misturar todo o fermento na massa.
5. Pegue pedaços da massa para modelar, faça uma "minhoquinha" com a massa e depois faça uma argola. Assim que terminar todas as suas rosquinhas, leve para fritar em óleo bem quente, até que estejam douradas.
6. Ainda quentes, passe as rosquinhas na mistura de canela e açúcar e aproveite.

## Dicas

- Se quiser, pode adicionar essências ou raspas de limão ou laranja. O sabor que ensino nessa receita é o tradicional.
- Tente não deixar as rosquinhas muito grossas, pois quando são fritas, elas incham e, se muito grossas, ficam "massudas".
- Mantenha fora da geladeira em um pote os saquinhos fechados por até 7 dias.

# PÃO DE ABÓBORA COM BEIJINHO

**Rendimento:** + ou - 15 unidades

## Ingredientes

500g de abóbora de pescoço
15g de fermento biológico fresco
½ xícara (chá) de leite morno
½ xícara (chá) de açúcar
5 xícaras (chá) de farinha de trigo
1 ovo
½ colher (chá) de sal
100g de manteiga
1 lata de beijinho

## Modo de preparo

1. Cozinhe a abóbora até que fique bem macia. Amasse com um garfo para fazer um purê e reserve.

2. Em uma tigela, dissolva o fermento no açúcar, junte o leite morno, o ovo, a manteiga derretida e o sal.

3. Junte a abóbora amassada e a farinha de trigo aos poucos, mexendo sempre até que consiga uma massa homogênea e que desgrude das mãos.

4. Sove a massa por 10 minutos, modele pequenas bolinhas e acomode em uma superfície plana. Cubra a massa com um pano úmido e deixe descansar por 15 minutos.

5. Abra uma bolinha por vez, recheie com o beijinho, feche e modele bolinhas novamente. Acomode em uma forma untada e enfarinhada, cubra com um pano úmido e deixe descansar por 30 minutos ou até que dobre de tamanho.

6. Pincele uma gema, polvilhe um pouco de coco para decorar e leve para assar em forno preaquecido a 180°C por cerca de 40 minutos ou até que fique com a superfície dourada.

# PÃO DE TRIGO DE KIBE

**Rendimento:** 1 pão

## Ingredientes

1 xícara (chá) de trigo de kibe
45g de fermento biológico (usei o fresco)
1 colher (sopa) de açúcar
1 xícara (chá) de leite morno
1 colher (café) de sal
2 colheres (sopa) de margarina
2 ovos
500g de farinha de trigo

### Dicas

Eu não gosto de usar o fermento biológico seco, mas caso queira tentar, siga as instruções do fabricante.
CONSERVAÇÃO: Como se trata de um pão caseiro, ele deve ser consumido em, no máximo, 3 dias. Bem embalado, pode ser congelado por 3 meses.

## Modo de preparo

1. Comece deixando o trigo de kibe de molho em água quente por 15 minutos. Assim que ele estiver hidratado, escorra toda a água e tire o excesso, apertando bem. Reserve.

2. Em um recipiente, misture o fermento biológico com o açúcar até virar líquido. Reserve por 10 minutos.

3. Em uma tigela, misture os ingredientes líquidos (leite, ovos e margarina), junte o fermento e adicione o trigo de kibe, o sal e a farinha de trigo aos poucos, até conseguir uma massa homogênea, que desgrude das mãos.

4. Sove bem a massa por uns 5 minutos, até ela ficar macia e elástica.

5. Se quiser, você pode assar em formas *(como eu fiz)* untadas e enfarinhadas *(coloque massa apenas até a metade da forma)* ou modelar os pães com as mãos.

6. Depois de modelados, deixe em um local quente e seco para crescer por 40 minutos. Pincele com gema de ovo misturado com um pouco de café ou molho shoyu e leve para assar em forno preaquecido a 180ºC por 40 minutos ou até dourar e criar uma casquinha crocante por toda a volta.

# PÃO DE QUEIJO DE LIQUIDIFICADOR

**Rendimento:** + ou – 12 unidades

## Ingredientes

1 xícara (chá) de leite
⅔ xícara (chá) de óleo
3 ovos
3 xícaras (chá) de polvilho doce
150g de queijo ralado (usei parmesão de saquinho)
Sal a gosto

## Modo de preparo

**IMPORTANTE:**
Preaqueça o forno a 250ºC por 15 minutos, unte e enfarinhe bem as forminhas de cupcake ou empada.

1. Em um liquidificador, adicione os ovos, o leite, o óleo e bata bem.
2. Junte aos poucos o polvilho doce e bata até incorporar tudo na massa.
3. Adicione o queijo ralado e misture com uma espátula, até ficar tudo bem misturado.
4. Corrija o sal se necessário. Coloque um pouco da massa em cada forminha, deixando 0,5cm de borda para que a massa possa crescer.
5. Reduza a temperatura do forno para 200ºC e leve para assar por 20/40 minutos ou até que fique bem dourado e com uma casquinha crocante por fora.

## Dicas

- Se não tiver liquidificador, bata a massa à mão. É bem simples e não precisa bater muito.
- Caso não tenha forminhas de *cupcake*, use as de empada. Se quiser, pode usar uma forma grande, porém, pode demorar mais para assar completamente.
- O polvilho pode ser encontrado em qualquer supermercado, porém, leia a embalagem e veja se está comprando o polvilho doce, pois com o azedo, pode murchar.
- Unte e enfarinhe muito bem suas forminhas ou não vai conseguir remover os pães de queijo delas.

**CONSERVAÇÃO:** Essa massa não pode ser congelada crua, mas se quiser, você pode congelar o pão de queijo depois de pronto e reaquecer quando for consumir. Já aviso que fazer isso vai deixá-lo um pouco borrachudo.

# Truque 10

## Biscoitos perfeitos existem!

---

### O que não fazer

Nunca troque a manteiga por margarina. Se a massa é amanteigada, isso deve ser respeitado ou você pode acabar com um resultado diferente do esperado.

### Tipos de açúcar

Cada biscoito ou *cookie* pede um tipo de açúcar e cada um dá um resultado diferente no final. Então, nada de ficar trocando açúcar cristal por refinado ou o refinado por mascavo!

## Tipos de assadeiras

Evite usar formas de teflon, silicone ou vidro, elas concentram muito o calor e você vai acabar com o biscoito queimado por fora e cru por dentro. Prefira formas de alumínio, sempre forradas com papel manteiga.

## Temperatura de forno

É importante observar a temperatura solicitada, pois isso faz uma enorme diferença no resultado. Se não tiver certeza se seu forno está regulado, use um termômetro de forno.

## Tempo de forno

*Cookies* e biscoitos costumam assar muito rápido e quanto maior a fornada que você fizer, mais quente pode ficar seu forno. Por isso, fique sempre de olho para garantir que tudo vai dar certo.

## Espere esfriar

Sempre espere esfriar, pois na maioria das vezes os biscoitos / *cookies* costumam sair ainda molinhos do forno. Eles só ganham "crocância" após estarem completamente frios.

Ah, se esses *cookies* falassem... Iriam contar como foi a primeira vez que eles foram feitos por mim. Foi um desastre; afinal, eu não prestei atenção nas medidas e saí colocando a quantidade que eu achava que havia lido. Usei 3 xícaras de cada tipo de açúcar e não ¾ de xícaras (hehehe), e é claro que deu tudo errado e acabou virando uma "hóstia" de caramelo! Tudo acabou indo para o lixo. Nunca mais esqueci que ¾ é uma xícara quase cheia.

# *COOKIES* DE BAUNILHA COM GOTAS DE CHOCOLATE

Rendimento: + ou - 50 unidades

## Ingredientes

2 xícaras (chá) de farinha de trigo
¾ de xícara (chá) de açúcar mascavo
¾ de xícara (chá) de açúcar cristal
2 ovos grandes
2 colheres (sopa) de margarina
1 colher (chá) de fermento em pó
1 colher (chá) de essência de baunilha
1 pitada de sal
200g de chocolate meio amargo picado

## Modo de preparo

1. Em um recipiente, adicione os ingredientes secos e misture bem com uma espátula.

2. Junte os ingredientes úmidos e misture bem com uma colher firme o máximo que conseguir.

3. Assim que tudo estiver bem incorporado, adicione o chocolate e misture com as mãos para dar o ponto certo da massa. O ideal é usar luvas, para não passar muito calor das mãos para a massa.

4. A massa deve ficar homogênea e firme (não deve ficar muito mole como um bolinho de chuva).

5. Com a ajuda de duas colheres, coloque um pouco da massa em uma forma untada e enfarinhada e leve para assar em forno preaquecido a 180ºC por cerca de 10 ou 15 minutos ou até que o fundo do *cookie* esteja dourado (fique de olho para não queimar).

# BISCOITINHOS DE QUEIJO

**Rendimento:** Serve + ou – 20 unidades

## Ingredientes

1¼ xícara (chá) de farinha de trigo

½ colher (chá) de fermento químico em pó

100g de manteiga (temperatura ambiente)

1½ xícara (chá) de mussarela ralada (115g)

1 colher (sopa) de água gelada

Sal, pimenta e orégano a gosto

### Dicas

• Se desejar, troque o queijo mussarela por queijo prato. Ambos devem estar ralados ou triturados para incorporar melhor à massa.

• Não abra muito a massa. Mesmo crescendo, o ideal para biscoito é uma espessura de 5mm.

• Mantenha o biscoito em um pote bem fechado após estarem frios. Eles devem durar pelos menos uma semana fora da geladeira e 15 dias dentro da geladeira.

• Essa receita não dá certo com queijo ralado de saquinho. O biscoito precisa da gordura do queijo para o preparo da massa.

## Modo de preparo

1. Em um recipiente, adicione a farinha de trigo, a manteiga e a mussarela e misture com as mãos para desfazer todos os pedaços de manteiga.

2. Junte o fermento em pó e a água gelada e misture mais um pouco.

3. Corrija o sal, adicione um pouco de pimenta e orégano. Misture bem com as mãos até formar uma massa homogênea.

4. Embrulhe em um plástico filme e leve para gelar por 15 minutos.

5. Enquanto isso, preaqueça o forno a 215ºC.

6. Retire da geladeira e abra a massa com uns 5mm de espessura e corte com um cortador de biscoito ou uma xícara de café.

7. Leve para assar de 10 a 15 minutos em forno médio/alto até que a parte de baixo esteja dourada.

8. Antes de comer, deixe esfriar totalmente e aproveite.

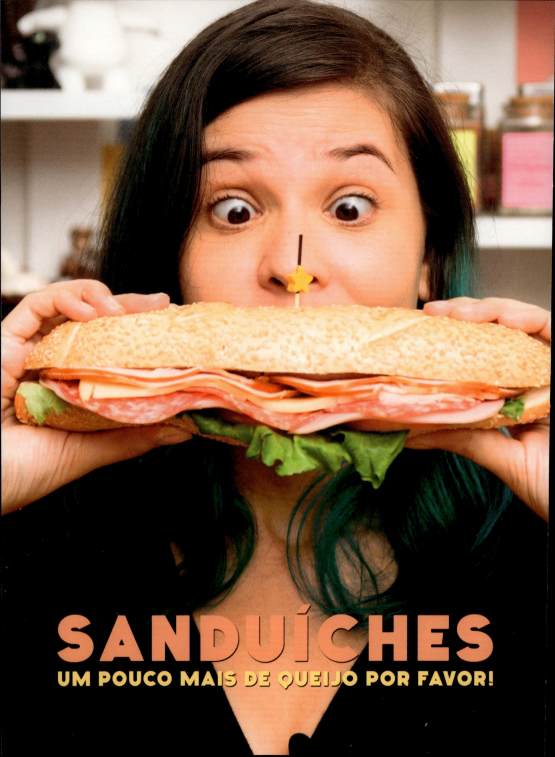

Eu sei que todas as crianças inventam brincadeiras bobas, mas acho que você nunca viu crianças brincando de ter lanchonete, não é? Acho que tudo começou quando vimos o filme *Lua de Cristal*, da Xuxa, em que ela trabalha no Big Babalu. De alguma forma, isso despertou a nossa criatividade. Nos momentos de ócio, resolvíamos ir para a cozinha criar lanches mirabolantes, mas que muitas vezes não passavam de um pão velho com manteiga, mortadela e uma azeitona no palito para decorar. Foram tardes divertidas e de muita criatividade, que acabaram despertando, mais tarde, a vontade de sempre criar sanduíches novos e diferentes. Afinal, tem coisa mais gostosa que um sanduíche?

# Truque 11

## Não tem nada pior do que sanduíche com o pão encharcado

---

### Hambúrguer

Para fazer hambúrguer caseiro de carne ou frango, saiba que não é preciso adicionar nem farinha, nem ovos. A carne só precisa estar bem moída e o ar ser retirado das bolinhas. Para isso, jogue a bolinha de uma mão colocando um pouco de força para que o ar saia de dentro.

### Alface

A escolha da alface é importante para que o sanduíche não fique murcho quando em contato com a umidade dos molhos e o calor das carnes. Escolha os tipos com folhas firmes, como a alface americana e a alface romana.

# Pão sequinho

Não tem nada pior do que um sanduíche com o pão encharcado, então, sempre que possível, passe um pouco de manteiga e toste o pão, para que ele crie uma camada impermeabilizante e fique mais tempo firme.

# Congelamento

Não recomendo o congelamento de sanduíches com saladas cruas, porque eles podem acabar perdendo a textura na hora do descongelamento. Por outro lado, é muito indicado o congelamento de sanduíches naturais com patês e frios. Para isso, basta você colocar cada sanduíche em um saquinho individual e levar ao congelador. Lá, ele pode ficar por até 1 mês, mas recomendo o consumo em 1 semana, para que ele fique mais fresquinho. Para descongelar, basta deixar em temperatura ambiente e, se precisar, é só aquecer.

# SANDUÍCHE TERIYAKI

**Rendimento:** + ou – 2 sanduíches

## Ingredientes

2 pães (tipo ciabatta)
500g de peito de frango (em tiras)
1 pimentão vermelho (em tiras)
Pepino japonês (em rodelas)
Queijo (mussarela, prato ou emmental)
Cebolinha (a gosto)
2 colheres (sopa) de óleo de gergelim
2 dentes de alho (picado)
½ colher (chá) de gengibre ralado
4 colheres (sopa) de cebolinha
1 xícara (chá) de molho shoyu
4 colheres (sopa) de açúcar mascavo
3 colheres (sopa) de mel
½ xícara (chá) de suco de abacaxi
2 colheres (sopa) de vinagre (vinho branco ou arroz)
4 colheres (sopa) de água
1 colher (sopa) de amido de milho

## Modo de preparo

1. Em uma frigideira bem quente, adicione 1 colher (sopa) de azeite e 1 colher (sopa) de óleo de gergelim e frite o frango até que fique levemente dourado.

2. Junte o pimentão, a cebolinha, o alho e o gengibre e cozinhe por cerca de 2 minutos ou até o pimentão ficar levemente amolecido.

3. Adicione mais 1 colher (sopa) de óleo de gergelim, molho shoyu, açúcar mascavo, mel, suco de abacaxi, vinagre e deixe cozinhando por 2 minutos após levantar fervura.

4. Dissolva o amido de milho na água e adicione na panela. Cozinhe misturando sempre até que fique um molho mais grosso (aqui você pode escolher mais grosso ou ralo).

5. Para montar, coloque uma camada de pepino fatiado, queijo, bastante frango teriyaki, finalize com cebolinha e é só aproveitar.

### Dicas

**ATENÇÃO:** O açúcar e o mel realçam e equilibram o sabor do molho.

**SUCO DE ABACAXI:** Usamos o concentrado, mas pode usar o natural, se tiver disponível, ou trocar por suco de laranja, caso seja alérgico a abacaxi.

# SALMÃOBURGER – HAMBÚRGUER DE SALMÃO

**Rendimento:** 4 a 5 unidades

## Ingredientes

250g de salmão
1 xícara (chá) de Panko (ou pão triturado)
1 dente de alho
Suco de ½ limão
Sal
Salsinha
Pimenta-do-reino a gosto
Maionese para 2 lanches: 2 colheres de sopa de maionese, suco de meio limão pequeno e páprica doce a gosto.

## Modo de preparo

1. Corte o filé de salmão em pequenos cubos e triture no liquidificador com a tecla pulsar.
2. Transfira para um recipiente e tempere com sal, pimenta-do-reino, salsinha e suco de ½ limão.
3. Junte o Panko e misture até ficar tudo bem incorporado.
4. Modele do tamanho que desejar e deixe descansar na geladeira por, pelo menos, 15 minutos antes de fritar.
5. Prepare a maionese misturando todos os ingredientes. Reserve.
6. Frite os hambúrgueres com um pouco de azeite, adicione o queijo e cubra com uma tampa para derreter. Monte seu lanche como desejar e aproveite.

## Dicas

**CONGELAMENTO:** Se desejar, embrulhe cada hambúrguer em plástico filme e congele por até 3 meses.
**SUBSTITUIÇÕES:** Troque o Panko por pão de forma triturado ou ralado. Você pode usar outros tipos de peixe para o preparo, mas cuidado com as espinhas.

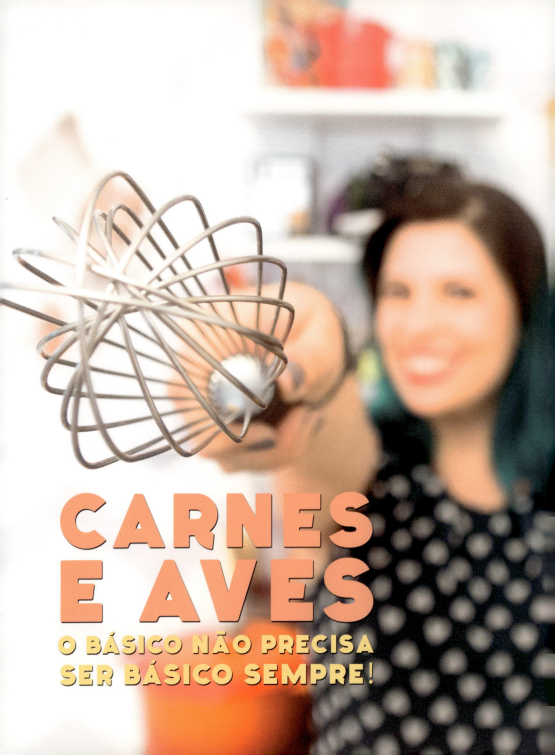

# CARNES E AVES

## O BÁSICO NÃO PRECISA SER BÁSICO SEMPRE!

Eu não sou uma grande fã de carne bovina, por exemplo, mas acho que um bom cozinheiro deve saber fazer até mesmo aquilo que não gosta de comer. Depois de muito pesquisar e muito errar, aprendi alguns truques para deixar as carnes sempre macias na hora de preparar bife, carne cozida e a tradicional picanha do churrasco.

# Truque 12

## Transforme o peito de frango sem graça na estrela do prato

O peito de frango grelhado é sempre sinônimo de comida sem graça, sabor e de quem está de dieta, mas quando ele é feito corretamente isso muda de figura e transforma o velho peito de frango grelhado na estrela do prato.

Você já ouviu falar em salmoura? Geralmente é uma mistura de água, sal e açúcar e usamos muito para fazer frango assado ou o peru da ceia de natal, e é por isso que eles são saborosos e suculentos e essa técnica também pode ser aplicada ao peito de frango grelhado.

### Como funciona

Quando deixamos a carne na salmoura o sal retira a umidade do frango, então por osmose essa umidade acaba sendo substituída pela água ao seu redor, fazendo com que o frango seja salgado não só por fora, mas também por dentro.

### Por que não posso apenas passar sal no frango?

Poder é claro que você pode e isso geralmente funciona em filés bem finos, mas se quiser aqueles filés altos de restaurante, jogar sal por cima não vai fazer com que entre na carne, deixando o centro sem sabor.

### Como fazer uma salmoura?

Vou passar de uma forma básica para que você entenda a ideia: para cada 1kg de frango use 1 ½ xícara (chá) de água morna, 2 colheres (sopa) de sal, 1 colher (sopa) de açúcar *(açúcar ajuda a intensificar o sal)* e misture até tudo estar bem dissolvido. Mas se você quiser seguir o seu instinto ou saber se fez o certo o ideal é provar. Eu sei que beber água salgada não é legal, mas essa é a melhor forma, então coloque um pouco na boca e se estiver como água do mar é porque está tudo certo.

Agora que você já fez a salmoura, coloque os pedaços de frango em um saco, junte a salmoura, amarre bem e deixe por pelo menos 6 horas. Antes de preparar é importante secar os filés, assim eles vão dourar e não cozinhar.

## Sem tempo para salmoura?

1. Se seus filés forem muito finos, passe-os na manteiga e frite-os em fogo baixo para ficarem mais macios.

2. Antes de colocar os filés na grelha ou frigideira, sempre seque com papel toalha, para que eles dourem e não cozinhem.

3. Para tirar o gosto forte e bactérias do frango, sempre deixe marinar com suco de limão.

4. Para fazer palhar, coloque o filé sobre plástico filme e uma segunda camada de plástico por cima do frango. Com uma panela ou frigideira, bata nele até que atinja a espessura desejada.

5. Sempre congele os filés em pequenas porções, assim, você pode descongelar só o que for usar.

6. Deixe os filés pelo menos 10 minutos marinando, pois assim eles vão pegar o tempero especial que você preparou.

7. Nunca coloque muitos filés na panela. Se ficarem acumulados, vai criar água e em vez de fritar, o frango vai cozinhar.

8. **Para ter filés grelhados suculentos faça o seguinte:**

+ Tempere os filés com sal e pimenta. E antes de levar para a frigideira, unte-os com azeite.

+ Aqueça a frigideira e, com ela em fogo alto, coloque o frango com a parte mais lisa para baixo e deixe por aproximadamente 1 minuto. Abaixe o fogo e deixe por uns 3 minutos. Quando a parte de cima ficar bem molhada e brilhante, aumente o fogo e deixe por 30 segundos. Vire o filé e repita o procedimento.

# STROGONOFF DE FRANGO FÁCIL

**Rendimento:** Serve + ou – 2 pessoas

## Ingredientes

500g de peito de frango em cubos
½ xícara (chá) de creme de leite
½ xícara (chá) de leite
1 colher (sopa) de maisena
1 xícara (chá) de champignon
10 colheres (sopa) de catchup
1 colher (sopa) de mostarda
Sal e pimenta-do-reino a gosto
1 dente de alho (opcional)

## Modo de preparo

1. Aqueça a panela, adicione cerca de 1 colher (sopa) de azeite/óleo e frite. Junte os cubos de frango, tempere com sal e pimenta-do-reino e deixe fritar até que fiquem levemente dourados.
2. Adicione o champignon, 1 dente de alho picado (opcional) e misture bem. Junte o catchup, a mostarda e misture bem novamente para envolver todo o frango.
3. Dilua a maisena no leite (frio) e adicione na panela, misturando bem em fogo baixo até que o molho fique bem cremoso.
4. Adicione o creme de leite e misture bem (tome cuidado para não ferver). Assim que estiver tudo bem misturado, desligue o fogo e sirva.

## Dicas

**CEBOLA:** Se desejar, adicione cebola picadinha, mas lembre-se de adicionar só depois de o frango já estar dourado, pois se colocado antes, pode ser que acabe queimando.

**EXTRATO DE TOMATE:** Você pode usar extrato de tomate, mas aconselho reduzir a quantidade para umas 4 colheres (sopa), já que é bem concentrado.

**MOSTARDA:** Ela é usada para dar uma certa "picância" e quebrar o doce do catchup, porém, seu sabor não fica marcante, não se preocupe.

**CARNES:** Se desejar, troque o frango por carne de boi/vaca ou até camarão.

**CHAMPIGNON:** Se não quiser usar ou não gostar, você pode deixar sem. Se quiser substituir por algo, tente usar palmito picado.

# Truque 13

## Nada de panelas antiaderentes

### 1#

Para fazer um bom bife, o ideal é fritar em uma frigideira bem quente e untada com alguma gordura. Coloque a carne para fritar e deixe-a sem mexer, até que comece a minar sangue na parte de cima. Vire o bife e só então tempere o lado que já estiver frito com sal e pimenta. (Nunca salgue antes, pois isso desidrata a carne e faz com que perca sangue).

### 2#

Não fure a carne. Enquanto estiver fritando uma carne, use uma pinça, assim não corre o risco de perder a umidade.

### 3#

Em carnes cozidas e ensopados, nunca adicione água fria, pois isso faz com que as fibras se contraiam e fiquem duras.

## 4#

Nunca retire a gordura da picanha na hora do preparo, pois ela não só dará sabor, como também vai garantir que sua carne se mantenha úmida e macia.

## 5#

Quando for possível, seque os pedaços de carne com um papel toalha antes de fritar, assim, vai dourar bem mais rápido.

## 6#

Evite colocar muitos pedaços em uma mesma panela ou ela vai acabar cozinhando e não fritando.

## 7#

Prefira usar panelas de fundo grosso e que não sejam antiaderentes, pois atrapalha a selagem da carne.

## 8#

Para que sua **carne assada** fique bonita e **dourada,** pincele molho **shoyu** antes de levar para assar.

## 9#

Para que seu assado não resseque, coloque um refratário com água no forno durante o preparo.

## 10#

Sempre que assar uma carne, deixe descansando por 15 minutos após o cozimento, para evitar a perda do suco. Com bifes, deixe que tenha pelo menos 1 minuto de descanso.

# ALCATRA COM SHIMEJI

**Rendimento:** 1 pessoa

## Ingredientes

150g de alcatra em tiras
100g de shimeji (separado)
1 colher (sopa) de óleo de gergelim
1 colher (sopa) de molho shoyu
1 colher (sopa) de manteiga
1 dente de alho
Cebolinha e sal a gosto

## Modo de preparo

1. Corte o bife em tiras. Em uma panela quente, adicione o óleo de gergelim, o alho fatiado e frite até ficar rosado no meio e marrom na superfície. Retire-o da panela e reserve.

2. Na mesma panela, em fogo baixo, adicione a manteiga e o shimeji lavado e previamente separado em pequenos buquês. Refogue até o shimeji liberar água (2 minutos), adicione o molho shoyu, junte a carne reservada, refogue por mais 2 minutos, corrija o sal e adicione a cebolinha.

## Dicas

- Nesta receita, podem ser usados os 2 tipos de shimeji (branco e preto).
- Se desejar, troque a carne por frango ou faça misto.
- Sirva com arroz branco.
- Se não tiver óleo de gergelim, use azeite, mas o sabor não será o mesmo.

# Carne de porco

Por muitos anos, a carne de porco foi vilã e vista como gordurosa e uma fonte de doenças. Hoje não é mais assim, as carnes de porco possuem muito mais qualidade. Por isso, aproveite para inserir essa carne saborosa na sua vida sem medo!

## Truque 14

### Carne de porco é bem teimosa

## Na hora da compra

A carne deve estar fresca, levemente rosada, com carne firme e gordura branca. Outro fator importante é reparar na presença de cheiros fortes, como o de amônia, que indica sinais de podridão.

# Em casa

Quando chegar em casa e for preparar, lembre-se de tirar o excesso de gordura. Sempre use limão no tempero para matar bactérias.

# Mais sabor

Carne de porco é bem teimosa, por isso, para pegar bastante sabor, é ideal sempre deixá-la marinando no tempero por, no mínimo, 2 horas.

# Cortes

Assim como o boi, o porco possui vários tipos de cortes. Os mais "magros" são a paleta, o lombo e o pernil.

# Segurança

As carnes de hoje têm maior qualidade, mesmo assim, é sempre importante cozinhar bem sua carne de porco. Nunca consuma crua.

# Congelamento

Essa carne pode ser congelada por até 3 meses, quando bem embalada. Como qualquer outra carne, depois de descongelada nunca deve ser congelada novamente.

# LOMBO AGRIDOCE

**Rendimento:** 2 a 3 pessoas

## Ingredientes

350g de lombo de porco (temperado)
1 pimentão vermelho (pequeno) picado
1 pimentão amarelo (pequeno) picado
1 xícara (chá) de abacaxi (picado em cubos)
½ talo de alho-poró ou ½ cebola (picada)
1 colher (sopa) de maisena/amido de milho
10 colheres (sopa) de água
1 colher (sopa) de vinagre (vinho branco, maçã ou arroz)
1 colher (sopa) de molho shoyu
2 colheres (sopa) de catchup
2 colheres (sopa) de açúcar
1cm de gengibre (ralado)
½ pimenta dedo de moça (s/ sementes)

## Modo de preparo

1. Pique o lombo em cubos pequenos e frite em um pouco de óleo ou azeite até que fique bem dourado.

2. Junte o alho-poró picado, pimentões picados em pequenos cubos e adicione 1 colher (sopa) de óleo de gergelim (opcional). Junte o abacaxi picado e misture.

3. Dilua o amido de milho (maisena) em 10 colheres (sopa) de água. Baixe o fogo e junte a carne e pimentões.

4. Adicione o restante dos ingredientes do molho (molho shoyu, vinagre, catchup, açúcar, gengibre e pimenta dedo de moça) e cozinhe misturando sempre para envolver a carne no molho e deixá-lo mais cremoso. Finalize com cebolinha.

5. Sirva ainda quente com arroz branco e um pouco de cebolinha picada.

### Dicas

**LOMBO:** Compre lombo temperado ou tempere com sal, pimenta e limão.
**ABACAXI:** Caso não tenha fresco, pode usar em calda, mas drene antes e use apenas o abacaxi.
**CATCHUP:** Substitua por extrato de tomate sem tempero.

# Camarão

Morei quase toda minha vida no litoral, logo, eu deveria ser perita em peixes e frutos do mar, não é? Mas não é bem assim. Na real, sou do tipo que não consegue sentir o cheiro de peixe; então, sempre evito fazer qualquer coisa que venha do mar. Porém, com o *blog* eu tive que sair um pouco da minha zona de conforto e encarar alguns desafios, como o de descascar camarão. Foi então que resolvi encontrar algumas coisas que pudessem me ajudar nessa tarefa e hoje levo essas dicas para a vida.

## Truque 15

### Guarde as cascas do camarão!

1. Para remover a casca dos camarões com facilidade, escalde com água quente e um pouco de vinagre/limão *(mas lembre-se que isso vai dar uma leve cozida nos camarões)*

2. Quando fizer camarão, lembre-se sempre de guardar as cascas em um saquinho e congelar, assim, pode usar para fazer um caldo caseiro para risotos e etc.

3. Se o cheiro do cozimento de camarão te incomoda, coloque na água um talo de salsão, assim ele irá reter todo o odor.

4. Para descongelar mais rápido, coloque os camarões em um saco bem fechado e ponha o saco em uma tigela com água. Deixe em temperatura ambiente até que esteja levemente descongelado, depois, volte para a geladeira e deixe que ela faça o restante.

5. Se seus camarões estiverem congelados, o ideal é descongelar em uma peneira dentro da geladeira. Assim, não vai ficar aguado.

6. Quando for limpar o camarão, o ideal é deixar em uma tigela com água e gelo, assim, a temperatura não diminui e evita a contaminação.

7. Ao fritar/cozinhar camarões, preste atenção na cor. Assim que ficarem rosados, pode parar a cocção.

8. Nunca adicione sal antes da cocção, pois isso faz com que o camarão perca umidade.

9. Para remover o intestino, você pode abrir o camarão com uma faca e depois passar o camarão em água corrente para "lavar".

10. Para remover a casca com facilidade, você pode deixar os camarões em água com bastante gelo. Isso faz com que a casca solte sem precisar "cozinhar" o camarão.

# CAMARÃO COM MEL E LIMÃO

**Rendimento:** + ou – 2 porções

## Ingredientes

200g de camarão limpo
1 colher (sopa) de azeite
1 colher (sopa) de mel
Suco de 1 ½ limão
½ colher (chá) de sal
½ colher (chá) de pimenta-do-reino
1 dente de alho

## Modo de preparo

1. Em uma tigela, misture o azeite, o mel, o suco de limão, o sal, a pimenta-do-reino e o alho.
2. Junte o camarão limpo e deixe descansar por 20 minutos.
3. Em uma frigideira bem quente, adicione um pouco de manteiga e junte o camarão com a marinada.
4. Frite até a marinada evaporar e o camarão começar a caramelizar.

## Dicas

**CAMARÃO:** Usei camarão congelado pré-cozido, mas use o que você tiver acesso. Lembre-se de limpar ou comprar limpo.
**MEL:** Ele não vai deixar o camarão doce, apenas dar um toque levemente adocicado.
**LIMÃO:** Na receita foi usado limão Taiti, mas use o que você tiver.
**SAL E PIMENTA:** As quantidades são apenas uma sugestão, pois isso é algo que deve ser adicionado sempre a gosto.

Quem não gosta de um belo prato de arroz e feijão? Afinal, ele é um clássico e está presente na cozinha de todos os brasileiros. Mas, mesmo sendo algo que você está cansado de fazer e já sabe tudo o que é preciso para ter um arroz perfeito, em algum momento acabou esquecendo o sal ou deixou o arroz mais tempo do que deveria no fogo, certo? Então alguns truques da época da vovó são sempre bem-vindos para nos salvar nesses momentos de desespero total.

# Truque 16

## Todo acidente com arroz tem conserto!

### Arroz sem sal

Se esqueceu de colocar o sal e o arroz já terminou de cozinhar, dilua o sal em um pouco de água e jogue no arroz. Leve ao fogo novamente e espere secar.

### Adiantando o arroz

Se você gosta de arroz fresquinho todo dia, experimente refogar a porção para 1 semana com bastante óleo, alho e sal. Quando desgrudar do fundo da panela, é só colocar em um pote bem fechado e deixar na geladeira. Ao chegar em casa, pegue a quantidade que deseja usar, adicione água e espere ele cozinhar.

### Arroz soltinho

Depois que o arroz estiver pronto, faça um furo no meio da panela com um garfo e adicione 1 colher (sopa) de vinagre. Leve para o fogo baixo e espere secar.

### Aquecendo arroz amanhecido

Se quer dar aquele gostinho de arroz fresco, coloque o arroz em uma panela, adicione um pouco de água, misture, tampe a panela e deixe secar em fogo baixo.

## Arroz queimado

Coloque a panela imediatamente em uma bacia com água gelada ou molhe bem um pano de prato e coloque a panela em cima dele. Após alguns minutos, vai sumir o cheiro de queimado. As duas técnicas funcionam superbem.

## Acelerar o cozimento

Cozinhe na panela de pressão e, assim que começar a chiar, conte 2 minutos, desligue e espere sair toda a pressão para abrir.

## Muito óleo

Caso tenha colocado óleo ou azeite demais no arroz, cozinhe com folhas de alface. Elas vão sugar todo o óleo.

## Aqueça o arroz

Coloque o arroz em um escorredor de macarrão ou peneira de inox sobre uma panela com água *(4 dedos são o suficiente)* e deixe ferver por alguns minutos até que fique quente e soltinho.

## Conservar o arroz cozido

Ele pode durar até 1 semana na geladeira. Para isso, nunca use cebola em seu preparo, pois ela azeda facilmente e pode estragar o arroz.

## Como congelar

Espere o arroz esfriar totalmente e só então separe pequenas porções. Coloque em um pote plástico com papel alumínio ou plástico entre o arroz e a tampa, para que não acumulem cristais de gelo.

## Descongelar

Retire a tampa, polvilhe o arroz congelado com 1 colher de sopa de água. Cubra com um papel toalha umedecido e leve para o micro-ondas por 1 a 3 minutos (vai depender do tamanho da sua porção). Retire, misture e volte ao micro-ondas por mais 1 ou 3 minutos. Deixe descansar por 2 minutos e pronto.

### Dicas

Se não encontrar cardamomo, não se desespere, essa receita pode ser feita sem ele ou ser substituída por anis-estrelado. Você pode trocar a sobrecoxa por peito de frango, mas aí acaba ficando um pouco mais ressecado.
**CONSERVAÇÃO:** Guardar em geladeira e consumir no máximo em 3 dias. Se desejar congelar, não adicione os pimentões, pois eles soltam muita água depois de descongelados.

# FRANGO BIRYANI

**Rendimento:** 3 pessoas

## Ingredientes

1 xícara (chá) de arroz branco
250g de sobrecoxas (desossadas e picadas em cubos)
200g de leite de coco
2 xícaras (chá) de água
¼ colher (chá) de açafrão da terra (cúrcuma)
1 rama de canela
3 sementes de cardamomo
3 cravos
10 sementes de cominho
½ xícara (chá) de pimentões (coloridos)
50g de castanha de caju
2 dentes de alho
½ colher (chá) de gengibre ralado
1 pitada de cominho
1 pitada de pimenta calabresa
Sal
Salsinha (a gosto)

## Modo de preparo

1. Tempere o frango com sal, pimenta-do-reino e suco de 1 limão e deixe descansar por 15 minutos.

2. Aqueça bem uma frigideira, coloque um pouco de azeite e doure os cubos de sobrecoxas. Remova-as da panela.

3. Na mesma panela (ainda sujinha de frango), coloque um pouco mais de azeite, junte o alho picado e todas as especiarias (cominho, cardamomo, canela, cravo, açafrão, gengibre, pimenta calabresa) e frite rapidamente só para liberar o aroma.

4. Junte o arroz (cru) e refogue por 1 minuto, adicione os pimentões e o frango reservado e misture bem.

5. Acrescente a água e o leite de coco e deixe cozinhar em fogo médio/baixo até que o arroz fique macio.

6. Finalize com a salsinha e as castanhas de caju.

# PAELLA DE FRANGO

**Rendimento:** 2 pessoas

## Ingredientes

½ xícara (chá) de arroz
1 xícara (chá) de água
3 sobrecoxas (desossadas)
¼ xícara (chá) de pimentão vermelho picado (½ pimentão pequeno)
¼ xícara (chá) de cenoura picada (½ cenoura pequena)
½ tomate sem semente (grande)
¼ xícara (chá) de ervilhas congeladas
½ colher (chá) de açafrão
½ colher (chá) de páprica doce
Azeite
Sal e pimenta-do-reino a gosto

## Modo de preparo

1. Em uma panela, adicione um pouco de azeite e frite as sobrecoxas cortadas em cubos (pré-temperadas com limão e um pouco de sal).
2. Assim que o frango ficar dourado, junte o tomate picado sem sementes e a cenoura cortada em palitos e misture.
3. Junte o açafrão e a páprica doce e misture bem. Adicione o arroz e misture mais um pouco.
4. Adicione a água e deixe cozinhar até que tenha quase secado por completo. Junte o pimentão e as ervilhas congeladas, misture bem, experimente e corrija o sal e a pimenta, se necessário.
5. Deixe terminar o cozimento em fogo baixo até que o arroz esteja sequinho e macio. Sirva ainda quente.

## Dicas

- Troque a sobrecoxa por peito de frango e as ervilhas por vagem.
- Se desejar, adicione camarão, ovos, cebola e azeitonas picadas.
- **ERVILHA EM LATA:** Caso use, ela deve ser adicionada no final do preparo, para não ficar muito mole.

# Dica para risotos perfeitos

Lembro quando resolvi fazer meu primeiro risoto de verdade, com arroz arbóreo e seguindo todas as instruções, até que me saí bem e consegui logo de cara um delicioso risoto cremoso. Com o passar do tempo, descobri que aquilo era sorte de principiante e que eu havia pulado etapas importantes. Depois de muitas panelas de risotos e muito pesquisar, posso dizer que sei fazer um bom risoto. Por isso, vou dar algumas dicas importantes para você saber antes de começar a se aventurar pelos risotos.

## Truque 17

### Comece pelo arroz certo

### Arroz

Não existe risoto sem o arroz correto. Aqui no Brasil é mais fácil achar o arbóreo; porém, você pode usar o carnaroli, que tem o mesmo resultado.

### Cebola ou alho-poró

Para um bom risoto, sempre começamos com um refogado básico de cebola, mas um ótimo substituto é o alho-poró bem picado.

## Refogado

Refogue o arroz até que ele comece a ficar transparente. Só então inicie a adição de líquidos.

## Vinho

Eu já fiz risoto sem vinho branco, mas ele é necessário, pois agrega muito sabor e acidez ao prato. Não precisa se preocupar com as crianças, pois o álcool vai evaporar e ficará só o sabor mesmo.

## Caldo

Sempre que possível, use um caldo caseiro, mas se não tiver, utilize o industrializado. Lembre-se de deixar sempre quente para que não ocorra choque térmico no cozimento. Se isso acontecer, o arroz ficará duro e vai demorar mais para cozinhar.

## Misture

Adicione uma concha de caldo por vez e nunca pare de misturar. Isso vai garantir que o amido se solte e deixe seu risoto cremoso como deve ser.

## Finalize

Sempre finalize com uma colherada de manteiga para dar brilho e sabor. Para garantir a cremosidade, sempre use o parmesão fresco.

## Cocção

Saiba que o tempo básico de cocção de um risoto é de 20 minutos, então, deixe tudo pronto antes de começar a preparar, pois você vai precisar tomar conta da panela durante todo o processo.

# RISOTO DE PALMITO COM TOMATE SECO

**Rendimento:** 2 porções

## Ingredientes

1 colher (sopa) de manteiga

2 dentes de alho (picado)

1 xícara (chá) de arroz arbóreo

1 xícara (chá) de vinho branco (seco)

50g de tomate seco

100g de palmito picado

3 colheres (sopa) de queijo parmesão

1 caldo de legumes

2½ xícaras (chá) de água

Salsinha a gosto

### Dicas

Se você pretende fazer risoto para um jantar, deixe-o pré-preparado, ou seja: cozinhe apenas pela metade do tempo indicado. Assim, quando os convidados chegarem, basta terminar a cocção adicionado o caldo quente e misturando como se fosse feito na hora. Esse é o truque dos restaurantes para não perder tempo no preparo.

## Modo de preparo

1. Comece preparando o caldo de legumes. Dissolva-o em 2 ½ xícaras de água quente e reserve.

2. Em uma panela, derreta a manteiga (ou margarina), frite rapidamente o alho até começar a dourar, adicione o arroz e refogue.

3. Junte o vinho branco e deixe reduzir para evaporar o álcool, misturando bem.

4. Assim que o vinho tiver evaporado, comece a adicionar o caldo de legumes. Adicione 1 concha por vez e sem parar de misturar, para que o arroz solte o amido e fique cremoso.

5. Quando tiver usado metade do caldo, junte o tomate seco picado, o palmito picado, misture bem e continue adicionando o caldo até que o arroz esteja macio.

6. Quando o arroz ficar no ponto, junte o queijo parmesão, acerte o sal e tempere com pimenta-do-reino e salsinha. Misture bem e sirva ainda quente.

Agora que você já tem receitas fáceis e deliciosas, dicas e truques que irão ajudá-lo na hora de cozinhar, acho que só falta você pegar as panelas e começar a fazer bagunça na cozinha sem medo. Errar uma receita é completamente normal e todos os erros e acertos irão transformá-lo em um cozinheiro cada vez melhor!

Bora cozinhar?!!